ヒーリング

池田邦吉 *Kuniyoshi Ikeda*

明窓出版

ヒーリング

第二章　ヒーリングの実践・2022年夏

第三章　ヒーラー500人体制へ

はじめに

本稿は、2021年9月から書き始めた。

その前月に、前著『天使の癒やし』の原稿を明窓出版に送った。つまり『天使の癒やし』の続編として、これを書いていた。

ところが、今年2023年になって『続・天使の癒やし』という題名は「いかん」と、クレームをつけてきた存在がいた。

その存在は、他ならぬ私の魂《たましい》である。

「ではどういう題名が良いのか」と私の魂に質問した。すると、『ヒーリング』である、と魂が言う。通常、その前後に何らかの形容詞がつくものである。例えば、『魂のヒーリング』とか『ヒーリングの神』とかのようである。ところが私の魂はそれを否定した。ただ単に、『ヒーリング』にしろと言う。あまりにもシンプルな題名である。表面意識の私としてはなかなか納得できなかったが、たまには私の魂の言うことを聞いて、『ヒーリング』という題名にしてみようと思った。

ヒーリングに関する本は『光のシャワー』が初めてで、それは2008年10月に明窓出版から世に出た。

この年の3月に、東京でバーバラ・アン・ブレナン博士の講演会に参加した。そして、博士による奇跡的なヒーリングを自分の目で見た。そのときの記録が、『光のシャワー』である。


博士との出会いは、この年の3月が初めてであった。肉体を持っている表面意識としては「初めての出会い」なのだが、博士が初来日した1995年1月に、日立市における博士の講演会に私の魂が動員されていて、その講演会に出席していた。要するに、魂が幽体離脱してブレナン博士の講演会を聞き、見たのである。そのときの記憶は、2023年の今日においても消えていない。

そのときのブレナン博士は背が丸まり、小さなお婆さんのようであった。ところが、その13年後に出会った博士は、まるでパリコレのモデルさんのようであった。私の目の前をさっそうと通り過ぎた女性が、あのときのブレナン博士とはとうてい思えなかった。

1995年1月、『光の手　上下』として博士の本が翻訳、出版されたことを知っていたが、私の表面意識はいっこうにその本を買おうとはしなかった。

1995年2月、関英男博士の経営する加速学園に初めて行ったとき、博士の机の上に『光の手　上下』が置いてあった。そのとき、関先生はその本を私に見せながら、「君、ヒーリングはできるか」と言った。私は言葉に詰まった。そんな私を見て、しなつひこの神は、

「くによしはヒーリングに興味が無いのだな」と思ったという。私の魂はノストラダムスの預言を研究し、発表する目的で今生、生まれてきた。ヒーリングは後回しだった。

拙著『光のシャワー』が2008年10月に出版されると、さっそくしなつひこの神が我が家に来て、

「くによしがこんなにヒーリングに興味を持っていたとはびっくりしたよー」と言った。お酒とおつまみを作って、神棚の神様に差し上げた。その後、しなつひこの神が日々私のところに来て話をするようになった。

しなつひこの神が我が家に来ると、その後を追うように多くの神が我が家に来た。神々

の用件は皆、ヒーリングの依頼であった。
その当時、神々の中で生きている人間のヒーリングができるのは、しなつひこの神しかいなかった。

我が家に集まってくる神々と話をしている内に、そのことについての本を書いた。『神様がいるぞ！』という題の本である。次に『続・神様がいるぞ！』を出版した。これらの本は、その題名に関わらず「ヒーリング」に関係する本なのである。しなつひこの神は人間のヒーリングをするにあたり、必ずその患者の親神の依頼に基づいて行なっていたのである。人間側のヒーラーが患者をヒーリングする場合も同じで、患者の親神の依頼が無い場合はヒーリングできないのである。患者の親神の意向を無視してヒーリングを行なっても、その患者の病気は治らない。

池田邦吉

２０２３年６月５日記

第一章　広がるヒーリング技術

初めてお読みいただく方へ

本書は「ヒーリング」に関する情報で、ここでいうヒーリングとは、

①チャクラ・ヒーリング
②オーラ・ヒーリング
③波動修正

のことである。チャクラ、オーラについては『癒やしの道』92頁以下に詳述した。その本は明窓出版より2020年に発刊した。

①〜③のヒーリングには、神霊界の存在が必ず関与することになる。このため、

④神霊手術

というヒーリング技術が存在する。これら①〜④の全体を「ヒーリング」といって、難病治療に大変有効である。難病とは、医師や病院では治せない病気のことである。

チャクラやオーラは通常、人の目には見えないエネルギー体である。しかし、世界は広くてチャクラやオーラが見える人が居る。その内の1人、アメリカ人で医学博士の故

バーバラ・アン・ブレナン博士はチャクラやオーラの詳しい絵を示し、それらと病気との関係を本にしてくれた。その本は『光の手』という題で、日本では1995年1月に日本語訳として河出書房新社から出版された。

この『光の手』は、ノーベル賞級の内容の本である。全世界で87ヶ国語に翻訳出版されたとブレナン博士から聞かされた。世界中でヒーラーを目指す人々の教科書となっている。

肉体が死んでも、その人のオーラは全て残っている。そのオーラには、目も鼻も口もエネルギー体として存在している。このオーラを霊体という。ライトボディと表する人もいる。

この霊体は元々、神のエネルギー体の一部であり、魂のことである。人の魂にはその親神が必ず存在している。オーラ・ヒーリングは患者の魂に触れることになり、そのためその魂の親神のヒーリング許可が必要となる。従って人間側のヒーラーは患者をヒーリングするにあたり、まずもって患者の魂の親神にヒーリングの許可を得なくてはならない。

人間のヒーラーが患者をヒーリングする場合、そのヒーラーの手足の動きを患者側があらかじめ知っておく必要がある。そのため、DVDを2017年夏に制作した。このDVDの購入方法は、『癒やしの道』60頁に示してある。人間のヒーラーは、患者の周囲を360度、動き廻るので、それだけ広いスペースが必要となる。畳6帖ほどの部屋である。大都市部では一部屋を空室にして生活する方はいないと思われるので、患者側はヒーリングをどこで受けるかをあらかじめ検討しておく必要がある。

人間のヒーラーの魂がその肉体から出て（幽体離脱という）、患者の病気を治しに行くことがある。魂は神のエネルギーの一部なので、神ができるヒーリング・テクノロジーを神から教わる場合がある。人間のヒーラーの魂が患者をヒーリングしている場面を、前著『天使の癒やし』に書いた。この本は、2022年2月に明窓出版より世に出た。

この本が出版された直後、読者から講演会の依頼があり、東京、北海道、静岡県で講演会を行なった。この3ヶ所で話した内容について後日、話の骨子をDVDに制作し直した。『DVD版　天使の癒やし』と題し、明窓出版より2023年2月より発売を開始した。本を読むことが苦手の方々には、大変参考になると思われる。

一ノ一　出雲・神々の会議

２０２１年10月下旬、例年のように出雲に神々が集まり、会議を行なった。多くの案件の中の一つに、「ヒーリングに関する件」があった。

「神霊界のヒーラーを増やし、すでにヒーラーになっている方々には、さらに高度なヒーリング技術を学ばせる」

という案が議決された。これは出雲の会議が定められて以来、初めての歴史的でき事であった。このとき、神霊界にはすでに41人のヒーリング専門官が存在していた。その「専門官」とは神社の仕事をせず、人間のヒーリングを専門とする方々のことである。

魂が１００％肉体から離れる（肉体の死という）と、その魂は神の元へと帰る。そこで魂は神業《しんぎょう》に入る。「神業」とは、親神が行なっている仕事の手伝いのことである。

この年（２０２１年）５月末に、神霊界のヒーリング専門官は25人いた。このことは前著『天使の癒やし』の98頁に書いた。

５月末から４ヶ月後、神霊界ヒーラーは16人増え、41人となっていた。一方、ヒーリングの教科書『光の手』を書いたバーバラ・アン・ブレナン博士は輪廻転生を終え、この年の5月末に親神「天之御柱神《あめのみはしらのかみ》」の中に入った。このため彼女は、右の41名の中には含まれていない。

天之御柱神は、人間を造った神である。また、創造主直系の一員でもある。

ところで、世の中には不思議な魂がいるものである。生きている人間の魂のままで神霊界のヒーラーという仕事をしている存在である。

昼夜を問わず、神々が私に人間のヒーリングを依頼してくる。このとき、神々は、「くによし！ ヒーリングを頼む」と言う。すると私の魂の何％かが私の肉体を離れ、患者のところに飛んで行く。案内人は依頼主の神様である。この「くによし！」を「KY」と略し、その魂のことを「KYの命《みこと》」と呼ぶことにする。このKYの命は先に書いた41名の中に含まれていない。まだ人間をやっているからである。

２０２１年10月19日(火)、翌日から出雲において神々の会議が始まる直前、KYの命が天之御柱神《あめのみはしらのかみ》から指示を受けた。

「イギリスに行ってくれ」と。期間は10月26日（火）までという。この当時、イギリスではウイルスのデルタ株が猛威を振るっていた。これに対するヒーリングの手法を、イギリスの神霊界に教えることが目的であった。

ＫＹの命はさっそくイギリスに飛んだ。案内人との出会いの場所はイギリス国会議事堂前で、ロンドンの中心地である。案内人は2代目のカンタベリー大司教であった。この方は今では神となっている存在。しかもアングロ・サクソン民族の守護神で、親神はなんと！「しなつひこの神」という。

「ＫＹの命がイギリスに来ることは日本に居る天之御柱神から聞いている」と大司教は言った。

ヒーリングの実技をお見せするのは翌日からとし、この日は初対面の大司教と話が続いた。その話の中で最もびっくりしたことは、

「イギリスでは神霊界の存在たちが、生きている人間のヒーリングをしたことが無い」

ということである。イギリスの人間界においては、ヒーリング技術は一般的常識となっているのだが、

「ヒーリングの技術があることは知っているが、それは生きている人間界の行為であっ

て、神霊界がそこに関与することは無い」と神は言った。それはつまり、イギリスにおいては神霊界のヒーラーは存在していないことを意味していた。

しかも、それらの話はヨーロッパでも同じだという。２０２１年10月20日は、イギリス神霊界に初めてヒーリング技術を導入する、歴史的な日となった。

その日、大司教の神は、イギリスの神霊界から27名のヒーラー志願者を集めて、技術見学に臨んだ。患者に事欠くこと無く、ＫＹは25日夜まで連続的に次々とヒーリングを行なっていった。

大司教の神は、事前に天之御柱神から勉強の作法について諸注意事項を聞いていたようで、整然とＫＹのヒーリング技術を学んでいた。ＫＹは26日早朝に帰国したが、私の肉体に戻ってくることはなかった。

その26日、帰国したＫＹを待ち構えていたのは神様からのヒーリング依頼であった。依頼主は大国主命様であったが、大国主命様は出雲における神々の会議の真只中にあって、外出はできない。こんなときには大国主命様の御魂分けにして、かつ輪廻転生が終わり、神界入りしている大国主命様の片腕のような存在が用件を持ってくる。

このとき、KYの元に現れたのは吉田茂首相であった。吉田茂首相というのはこれが神名で、「元首相」とは呼ばない。その首相の用件は、

「青森県会議員の男性のヒーリング依頼」であった。さっそくKYは青森に飛んだ。患者を調査すると、病名は「ニューロパチー」という神経の病気であった。この病名のヒーリングに関しては、前著の第一章五節に詳述してあるのでここでは省略する。このヒーリングは翌日27日早朝まで続き、吉田茂首相にこの続きを任せた。吉田茂首相は神界のヒーラーになっており、同時に出雲のヒーリング・チームのマネージャーでもあった。

10月27日（木）早朝、イギリスの神、大司教からKYに連絡が入った。

「先日までのヒーリング見学者の内、20名がヒーラー志願者となり、さらなるヒーリング技術を学んでいきたいと言っている」と。

そこでその用件は、天之御柱神が直々に行なうこととなった。ただし、11月1日以降にその仕事を開始することとし、会場その他の用意は大司教の神が行なうことになった。

この日、昼前にKYは、東京の西部に住む私の読者の娘さんのヒーリングに出かけている。私はこの読者の息子さんを、数年前に新宿でヒーリングした。その息子さんは今では大変元気になり、仕事を得て出かけるようになっていた。今度は、娘さんのヒーリングを依頼されたのである。そのことをKYに伝えると、KYはすぐにその患者さんのところに飛んだ。

その日の夕方、今度は出雲の会議場に居るいざな気の神様から連絡が入った。「今までにでき上がっている多賀ヒーリングチームのグレードアップのために、勉強会をしてほしい」と。そこでKYにこの話を伝えると、KYはこの夜から翌日28日早朝までその講師を務めた。

10月29日（金）朝、KYは再びイギリスに飛んだ。今度はアポロン（ヨーロッパの守護神）とヨーロッパ神霊界メンバーに、ヒーリングの技術を教えるための出張であった。最初のイギリス出張から帰国した日が10月26日（水）、2回目のイギリス出張の出発が10月29日（金）。その3日間、KYは日本にいて難病の患者2人をヒーリングし、多賀大社のヒーリングチームに高度なヒーリング技術についての講師をした。

その期間中、まったく休む様子がなかった。KYはヒーリングという仕事が大好きで、それを教えることも大好きで、KYがそのような魂であったかと、自分がようやく分かってきた。元の肉体に戻る意志はまったくないらしい。それであれば、私としては残りの30％の魂で生きていく覚悟をしなくてはならない。

29日、アポロンたちと出会う場所は、イギリスのカンタベリー大聖堂であった。大司教の神がアポロンたちのために、場所や患者等の計画をしていた。患者は全てイギリス人であった。アポロンは、ヨーロッパの神霊界から5人を抜擢して連れてきた。

11月2日（火）岸田文雄首相がイギリスに出発した。午後6時20分、羽田を出発した政府専用機に天之御柱神が同乗していた。岸田首相の魂は「しなつひこの神」で、その神は２０１８年3月に天之御柱神に戻った。つまり、岸田首相の親神は天之御柱神になった。従ってこの日、神様が政府専用機に乗ったのは岸田首相の守護のためである。

機は現地時間2日午前中に、イギリスのグラスゴー空港に到着した。岸田首相がイギリスに出張したのは、「国連気候変動枠組条約第26回締約国会議（ＣＯＰ26）首脳級会合」に出席するためであった。政府専用機が無事にグラスゴー空港に到着するのと同時に、天之御柱神はカンタベリー大司教の神がいるところに行き、ＫＹと合流した。アポロンたちに、「神のヒーリング技術」を教えるためである。

神は異次元の場に同時に存在することができて、一方で岸田首相の守護を続けながら、一方でＫＹと共にヒーリングの現場に立つことができる。

岸田首相はＣＯＰ26の仕事を終え、３日の午後１時25分に羽田に帰った。しかし天之御柱神はまだイギリスにいて、ＫＹと共にヒーリングの教師を務めていた。

アポロンがヨーロッパの神霊界から抜擢したヒーリングの勉強会グループの中に、レントゲンがいた。レントゲンはＸ線を発見したドイツの物理学者で、初めてノーベル物理学賞を受賞した人である。１８４５年に生まれ、１９２３年（大正12年）に亡くなった。レントゲンはその後、日本に生まれてきて医療器具の販売を仕事としていたが、２０１７年に大阪で亡くなり、その後アポロンの霊界に戻っていた。

10月20日から26日まで、、最初のヒーリング勉強会に集まったイギリスの神霊界27名の内、25名がヒーラーとして残った。ここに、レントゲン以下５人のヨーロッパメンバーを加え、ヒーラーは30名となった。この30名のメンバーを見届けると、天之御柱神はＫ

Yより一足先に日本に戻った。

11月5日（金）午後5時、KYがイギリスから帰国すると、羽生結弦君がスケートの練習中に大きな怪我をしたというニュースが流れていた。

このとき、天之御柱神が結弦君の右足首靭帯をヒーリング中であった。翌年2022年2月4日開幕予定の北京オリンピックに向けて、できるだけ早く治しておかないとならない事態である。

「手伝いましょうか」とKYが声をかけると、

「自分の息子の怪我くらい自分で治すよ」と神が言った。そこでKYは、御柱神の邸宅に行った。それは、富士山麓の森の中にある。そこでは、木之花咲耶姫神《このはなさくやひめ》が待っていた。用件はヒーリングの依頼であった。

「富士市に住む女子高生が、頭部に怪我を負った。後遺症が気になるのでヒーリングをお願い」ということである。KYはすぐに現場へ飛んだ。

この11月5日の午前中、天之児屋根命《あめのこやねのみこと》（天照皇大御神の分神）から私に連絡があった。

「天照系ヒーリングチームが7人になった」と。

宗像《むなかた》大社に三女神が祀られている。多紀理《たぎり》姫神、たぎつ姫神、市杵島《いちきしま》姫神である。この三女神がヒーラーを各1人ずつ、道臣命《みちおみのみこと》のヒーリングチームに入れたという話であった。

10月下旬の出雲の神々の会議で議決された事項が、さっそく実行に移されているのが分かった。また、天照ヒーリングチームの本拠地は、奈良の春日大社にすることが決まった。

春日大社には、道臣命専用の部屋がある。それと、天之児屋根命のそもそもの根拠地は春日大社なのである。さらに、天照系ヒーリングチームのマネージャーが、天之児屋根命なのである。

この後、他の神々のヒーリングチームがそのメンバーを増やしていることが、次々に分かってきた。

一ノ二　魂《たましい》の仕事

人の魂は、その宿っている人の仕事や趣味、希望に関わらず、その魂が本来持っている仕事を行なっている。それは通常、宿っている人の睡眠中に行なわれるのであるが、時としてどうしても必要な場合は昼間でも仕事に出かけることがある。それらを、「幽体離脱」という。

人はそのことを知らずに日々の生活を続けている。魂は言葉を発しないので、出かけるときに「行って来ます」とその宿っている人に話しかけることは無い。

魂が幽体離脱するときはその用件によって、全体エネルギーの10％くらいの場合もあるし、20％のエネルギーで行くこともある。ＫＹは私の魂の70％のエネルギー状態である。逆に言えば、私は残りの30％のエネルギーで通常の生活を送っていたということなのである。そんなときは一日中、「ぼ～っ」としている感じで常に眠い。

肉体をまだ持っている魂がその肉体から離れ、他の生きている人々のヒーリングを行なうことについては、江戸時代以前にはよくあったそうだ。ただしそうした魂は「しなつひこの神の分魂《わけみたま》」に限られていたと、天之御柱神が最近私に教えてくれた。しかし、しなつひこの神の分魂の全ての人々が、そのようなヒーリングをできたわけでは無かったとも言っていた。

科学の発達、産業革命と共に、生きている人間の魂が他の人のヒーリングを行なう手法は無くなっていったそうである。しかし、臼井先生やイギリスのハリー・エドワード、また、アメリカのバーバラ・アン・ブレナン博士たちは、御自身がまだ肉体を持っていた間も、その魂が人のヒーリングに出かけていたとのことだ。そして、亡くなった後、その魂は神界のヒーラーとなっていった。

最近、私の魂の内の70％のエネルギー体が私の肉体から離れ、神霊界のヒーラーとなったことは、久しぶりの大事件のようである。

2016年夏から年末にかけて、しなつひこヒーリングチームの面々がティアウーバ星に帰っていくのを知った私は、

「今後、ヒーリングは誰がするのだろうか？」と気になっていた。

そのとき、しなつひこの神は私の魂を使って、神霊界のヒーラーとして養成すべく訓

練を始めていた、ということが、ついに最近になって分かってきた。

２０１７年の夏の終わりに私の講演会ＤＶＤが作成された後、このＤＶＤは神霊界のアチコチで放映され、多くの魂たちが見えたそうである。その後、私がヒーリングする実際の現場を神霊界の方々が見学し、さらに、私の魂が幽体離脱してヒーリングを行なっている現場をも見たそうである。その直後、ヒーリングを見学した魂たちの内の何人かがヒーリングに大変興味を持ち、その技術を勉強したいとその親神に申し出た。そこで、その方々にしなつひこの神がヒーリングの手法を教え始めた。これは、２０１７年の暮れ頃のことであったらしい。

その後、２０２０年初め頃から、コロナ対策で神霊界のヒーラーが増え続け、翌年、２０２１年秋には、40名を超える神霊界ヒーラー集団ができ上がっていた。これは、日本の歴史上初めての事態であった。

２０２１年11月６日（土）、岸田首相が就任以来一ヶ月目で初めての休養をとった。場所は、赤坂の衆院議員宿舎であった。首相は、10日の特別国会で第１０１代首相に選出される見通しで、第２次岸田内閣発足に向け、英気を養った。この日、ＫＹに天之御柱神から指示がきた。

「岸田首相はこのところの強行軍で、かなり疲労が溜まっている。ヒーリングを頼む」と。ＫＹは直ちに赤坂へ飛んだ。

この6日午前中に、カンタベリー大司教の神が天之御柱神のところへ来て、10月20日以来のことでお礼を言った。大司教はこの夜に、イギリスへ戻っていった。

11月7日（日）、ＫＹは岸田首相のヒーリングを終え、富士山麓の神様の邸宅に入った。この日、神々からヒーリング等の依頼は無かったが、ＫＹは私の肉体には戻らず、終日これまでのヒーリングレポートを書いている様子であった。このレポートは、人間界においては医師たちが書く「カルテ」に該当する。

11月8日（月）、御柱神のところに天照皇大御神が来てヒーリングの依頼をした。

「北海道の旭川市に20代の女性が居る。脳機能が未発達で、あかちゃんの状態だ」という。急患ではないので、ヒーリングは翌日にＫＹが行くことになった。立会人は天照皇大御神の分身で、かつて管前首相のヒーラーをしていた方であった。このヒーラーと私とは旧知の仲で、そのことは前著『天使の癒やし』１０２頁以下に書いた。

このヒーリング依頼とは別に、天照皇大御神が、「アメリカの神霊界にヒーリングの技術を教えるプロジェクト」を提案してきた。この計画のまとめ役をシルバー・バーチにさせるという。

シルバー・バーチの魂は天照皇大御神で、このときアメリカ担当の神々の一員となっていた。シルバーバーチに12名ほどの神霊界ヒーラー志願者を集めさせている、と神はいう。勉強会は11月11日（木）から18日（木）ではどうかということであった。

そこで天之御柱神は、KYをアメリカへ行かせることにした。イギリスとヨーロッパの神霊界にヒーリング技術を教えた次は、アメリカというわけである。

KYは、アメリカに出張する前日の11月10日（水）、北海道の旭川に飛んだ。女性の発育不良の脳細胞を造るためである。

天照皇大御神の分魂のヒーラーの他に、3人の神霊界ヒーラーがこの場に同席した。その内の1人は「すくなひこなの神」の分魂で、すでに北海道神宮のヒーリングチームの一員になっていた。もう1人は大国御魂神《おおくにみたまのかみ》の分魂で、ジェーン・ロバーツ＋《プラス》ロバート・F・バッツ御夫妻である。ここで＋《プラス》と書いたのは、御夫妻の魂が一つに合流していたたからである。

御夫妻は『セスは語る―魂が永遠であること』（ナチュラルスピリット）という本を書いた人だが、亡くなってからは親神の大国御魂神のところに戻って神業をしていた。2人はその神業中に輪廻転生を止め、元の一つの魂に戻り、神界入りし、さらに神界のヒーラーになった。そのため「一人」という表現を使ったのである。仮に「ロバーツの命《みこと》」と呼ぶとすると、ロバーツの命は北海道ヒーリングチームの一員になっていた。

3人目は大那牟遅神の分魂で、「かつて、どこかでお会いしたことがある」と私が感じた男性で、この方も北海道ヒーリングチームの一員になっていた。KYはこの4人の神霊界ヒーラーに「脳細胞を造る技術」を一日かけて教え、この日の仕事を終えた。

翌日11月11日（木）、KYはアメリカに飛んだ。シルバー・バーチとはホワイトハウスで出会った。その後、彼の案内でニューヨークの会場に向かった。シルバー・バーチのアメリカでの本拠地はホワイトハウスである。ニューヨークに着くと、勉強会メンバーは30人になっていた。この30人の中にシルバー・バーチは含んでいない。

アメリカの神霊界では、「ヘヨアン」という存在が有名であった。「ヘヨアン」はブレナン博士の守護神で、ヒーリングの神様であった。しかし、ヘヨアンはしなつひこの神のペンネームであったことは、誰も知らなかった。それどころか、しなつひこの神が伊勢神宮に祀られている神であることを知っていたのは、シルバー・バーチだけであった。

シルバー・バーチは伊勢で神業を続けていたので、日本の神々のことをよく知っていた。また、私の家にも時々遊びに来ており、私がヒーラーをしていることも知っていた。

２０１８年3月末に、彼はアメリカの神霊界に行き、そこで仕事をすることになった。その目的は、アメリカ大統領（トランプ氏）に核爆弾のスイッチを押させないようにするためであった。

例のロケットマン（北朝鮮のことですね）がしきりに日本海に向かってロケットを打ち上げていた頃の話である。

ＫＹは、アメリカでの勉強会講師としての仕事を終え、18日（木）午前11時に帰国した。その後も日本国内で人間のヒーリングを続け、ついに私の肉体には戻ってこなかった。ＫＹにとって、生味の人間と共に日々の生活を送ることは退屈極まりなく、魂だけの存在として神霊界で働くことのほうがずっと有意義であるということであろう。残された肉体は、30％の魂のエネルギーで何とか生きていかなくてはならないこととなった。

12月15日の昼間、北海道神宮のヒーラーのことが大変気になっていた。「かつてどこかで出会ったような気がする人」のことである。そして、その方と何とかもう一度会えないものだろうかと考えていた。

するとその日の真夜中に、私の魂の15％が私の肉体から離れ、北海道神宮に飛んだ。これをKY2と呼ぶべきだろうか。私の肉体に残った魂は残りの15％であるが、布団の中で体を横にしているので問題は起こらない。

北海道神宮に入ると、問題のヒーラーが待っていた。そこで、「WWPAの山口郁雄《いくお》さんですか？」と声をかけた。WWPAとは「ウエスタン・ウッド・プロダクト・アソシエーション」の略で、日本語に訳すと「西部木材製品協会」となる。どこの国の西部かというと、アメリカの西部のことで、カリフォルニア州とその北にあるオレゴン州、さらにシアトルが州都のワシントン州等の地域のことである。このアメリカ西部には大森林があり、木材製品の一大産地となっている。その木材業界の組合が「WWPA」で、山口郁雄氏はその日本支部長であった。私が建築の設計をしていた頃、ずっとお付き合いをしていた方で、旧友で、それ以上に「日米貿易問題」を解決するために共に働いた仲でもあった。

山口郁雄氏は、ＷＷＰＡの仕事をする前は、在日アメリカ大使館勤めの職員であった。彼は「そうです」というように、無言で頭を動かした。

私は彼が亡くなっていることを、このときまで知らずにいた。会話は全てテレパシーで行なわれ、互いに声を発することはない。山口さんが亡くなったのは２００３年で、83才だったらしい。それから18年が過ぎていた。生きていた頃の楽しい雰囲気はまったく無く、高い波動の魂になっていた。やや緊張している感じである。１９９７年に私が自分の会社を辞め、全ての建築業界の方々との付き合いが無くなって以来、24年目の再会であった。

建築の設計を辞めた理由は、ノストラダムスの預言書研究に専念するためであった。この仕事は今生、私が人として生まれてきた主目的であったが、世の中にこのことを知っていた人は居なかった。

一ノ三　ヒーラーになった魂

元ＷＷＰＡの日本支部長、山口さんが話し始めた。

「建築設計事務所の社長さんとして、一目置いていた池田さんが急にその仕事を止め、ノストラダムスの預言書にのめり込んでいったことはまったく理解できず、お付き合いを止めた。自分が寿命を全うし、出雲の霊界に入ったとき、大国主命様から本を手渡された。池田さんがそれまでに書いた本であった。

その本を読んで分かった。池田さんは人命救助を目的として建築の設計をしていたんだと。来るべき大地震、大災害から人々を守るために家の設計をしていたんですね。建築設計事務所の経営そのものが目的では無かったのだと分かった。

大国主命様から聞いた話ですが、池田さんは学生時代に日本の未来に起こる大地震の光景を見せられ、神様から『日本の木構造を耐震化するように』と指示を受けていたのですね。

ノストラダムスの預言書に取り組んだのも、人命救助が目的だったんですね。ヨーロッパの大災害から人々を守るために。

今は、直接人々の病気を治す仕事をしているんですね。建築の設計も、ノストラダムス研究もヒーリング技術も、全ては人命救助が目的だった。池田さんがヒーリングの本を次々に出版していたので、私もブレナン博士の『光の手』の原書を取り寄せて勉強していました。その内、出雲にヒーリングチームができ始めたので、その方々に付いて実技の勉強をしていました。今年、出雲の神々の会議でヒーラーを増やす議案が可決されたのを機に、ヒーラーの仲間に入る決心をしました。その間ずっと出雲に居たのですが、ヒーリングチームの一員として、北海道神宮に勤め先が決まったところです」と山口さんは言った。

12月下旬になって、神霊界ヒーリング専門官宛に「年末の忘年会招待状」が発送された。発送はKY1、主催者は天之御柱神、会場は東京の大ホテル宴会場、日時は12月31日午後7時開始である。その31日に集まったメンバーは次の通りであった。

出雲大社　14人（吉田茂首相含む）
伊勢グループ　12人（道臣命含む）

多賀大社　15人（福澤諭吉含む）
住吉大社　12人
浅間大社　７人（安保徹含む）
北海道神宮　８人
秩父神社　１人
白山神社　３人（仲哀天皇含む）
臼井グループ　３人

合計75人の神霊界専業ヒーラーが出席した。この他に各神社の関係者も参加し、総計は85人となった。

前年の２０２０年12月31日の忘年会では、７人の専業ヒーラーだけの集まりであったから、この２０２１年12月31日の忘年会は大盛会となっていった。北海道神宮のヒーリングチーム８名の中にＷＷＰＡの山口さんも含まれ、会場入りしていたが、隅の方でおとなしく振る舞っていた。宴も半ばになって会場に天之御柱神が現れた。神々は別の場所で忘年会を行なっていたが、その会場を中座して、御柱神が専業ヒーラーの忘年会に顔を出した。

忘年会は新年を迎えた元旦も続き、日の出の時間に散会となった。神社で神業をしている魂たちは、12月31日の夜からその神社で仕事をしている。例年、この日は神社に参拝する人々が多いからである。しかし、ヒーラーたちはその仕事をしなくても良いルールがあるので、元旦までパーティを楽しんでいた。中にはこのまま新年会をしようという提案をしてきた魂もいたが、患者は元旦も発生するので新年会はせずに終了とした。


この忘年会が始まる少し前、12月31日の午前中に、木之花咲耶姫神《このはなさくやひめ》から我が家に連絡がきた。

「自分の御魂の女性で、末期癌のため余命いくばくもない人をヒーリングしてほしい。この人は神奈川県藤沢市の病院に入院中で、この病院長の妻である。年齢は50才代で肺癌」と。そこで私の魂の15％（ＫＹ２）が現場に飛んだ。ＫＹ１はこのとき別の場所で人間のヒーリング中で、安保徹さんも他の人をヒーリング中であった。姫神様が私に直接ヒーリングを頼んでくる以外、方法が無い様子であった。

夕方に、浅間大社のヒーリングチームの１人が私と交代してくれた。

「主催者側が忘年会に出られないのは申し訳ない」と言って。

お陰で私の魂（KY2）は忘年会に参加できた。先に会場に入ったKY1と合流するのかと思っていたら、別々の存在として動き始めた。KY1と2とはまるで別々の存在であるかのごとく動き廻ったのである。

忘年会が終わった元旦の未明、安保徹さんは直ちに藤沢に行き、肺癌の患者をヒーリングした。その前の12時間、浅間大社のヒーリングチームの1人がずっとヒーリングをしていたが、その方と交代していたのである。


2022年1月2日（日曜日）、安保徹さんから我が家に連絡が入った。

「藤沢の患者が危ない」と。

昼少し前、私の魂のKY2が藤沢の病院に飛んだ。正月早々葬式を出すわけにはいかなかった。これがこの年の初仕事となった。翌日の3日（月）未明までこの人のヒーリングを行ない、安保さんに末期癌のヒーリングをどのように行なうのかを教えた。

人間が癌を発病すると、NKキラー細胞が働き、その癌細胞を攻撃し始めるのであるが、生前、安保徹医学博士はこの免疫機構の大研究家であった。

ＫＹ2は安保徹博士に、ＮＫキラー細胞を作るヒーリング手法を教えていた。この患者さんについて後日、姫神様から「治った！」と連絡があった。

1月3日（月）昼前、大国主命様が私に連絡してきた。

「国之床立地神がくによしのことについて、言っているよ。まだ人間をやっている魂が2つに分かれて別々の患者を同時にヒーリングしてるなんて、こんな人間見たことない！」と。ＫＹ1が国之床立地神の御魂の人間をヒーリングし、ＫＹ2が木之花咲耶姫神の御魂の人間（肺癌）をヒーリングしていたのだが、それが同時間帯に別々の場所でヒーリングしているところを国之床立地神が見ていた。その国之床立地神の数百億年に及ぶ長い歴史の中で、

「こんな人間見たことない！」という話である。

ＫＹ1と2とが別々の2人の患者のヒーリングを行なっている間、残りの魂のエネルギーの15％は私の肉体に留まり、正月3日目を例年のように過ごしていた。

「今年、こんな状態でまともに人間としての生活を続けていけるものだろうか」とか

なり不安に思った。出張中の魂たちは、いつこの肉体に戻ってきてくれるのだろうか。

1月4日（火）に、国之床立地神から我が家に連絡有り。

「アメリカの神霊界の存在たちを集めてくるので、ヒーリングの勉強会の講師を務めてもらいたい」と。

前年の11月11日にシルバー・バーチの案内で、KY1がニューヨークに行った。そこでヒーリングの勉強会講師をKY1が務めた。今度はそのときの勉強会参加メンバーとは違う方々を、国之床立地神が直々に集めてくると神が言う。しかも今度の講師には、KY2を指名してきた。勉強会の日は、1月8日朝から翌日の朝までと言う。会場は、神戸の大きな公共施設内にある会議室らしい。

1月8日（土）朝、勉強会に集められたアメリカの神霊界メンバーは36人であった。9日の朝までKY2が講師を務め、ヒーリングの理論を24時間にわたり話し続けた。こんなことは肉体を持っている身にはできないことだが、魂にはできる。

来日したアメリカの神霊界メンバー36人は9日から一週間にわたり、日本の各地にある神社を訪問し、そこに祀られている神々と面会した。国之床立地神の意図がよく分かった。

この後、ＫＹ１とＫＹ２とは、別々に毎日休む間も無くヒーリングに関する仕事を続けていった。

１月26日（水）、天之御柱神とＫＹ１とがイギリスに飛んだ。カンタベリー大司教の神から勉強会の依頼が来ていたからである。会場には、イギリスとヨーロッパの神霊界ヒーラー30名が集まっていた。前年の秋に、ヒーリングの勉強会に来ていたメンバーである。27日（木）まで、より高度なヒーリング技術を教えた。いったん帰国したＫＹ１は、その日から東南アジア各国に滞在中の日本人外交官たちのヒーリングに出張した。最初の訪問国はフィリピンであった。ＫＹ１が外国で仕事をしている間は、ＫＹ２が日本の国内の仕事をし続けた。

１月31日（月）、国之床立地神から呼び出しがあり、ＫＹ２が大阪の住吉大社に飛んだ。ヒーラー志願者がお一人、底筒之男神《そこつつのおのかみ》に付き添われて待っていた。女性の志願者で、夕方まで面談した。住吉ヒーリングチームでは、この方が17人目のメンバーとなった。この日の夜に天之菩霊《あめのほひのみこと》（天照皇大御神の分神）から私に連絡が入った。

「静岡県御前崎に住む10才の女の子のヒーリングを頼む」と。この子のヒーリングは、２０２１年の秋に始まっていた。２回目は11月下旬であった。先天性心身障害者で、脳が未発達であった。歩行不能のため車椅子に乗っていた。ＫＹ２は２月１日（火）の一日中、この子のヒーリングを行なった。

先天性心身障害者のヒーリングは、非常に長期にわたることが明らかになってきた。


２月５日（土）、木之花咲耶姫様から我が家に連絡がきた。

「神阿多都姫神《かんあたつひめのかみ》が浅間大社に来社しているので来てほしい」と。神阿多都姫神は木之花咲耶姫様の姉にあたる神で、現在は天ノ川系銀河外にある別の惑星で植物を造る仕事をしている。御自身の分け御魂たる安保徹博士がヒーラーの勉強に入ったことを２０２０年の暮れに聞き、今回はその安保徹に会いに来たという。

昼少し前にＫＹ２が浅間大社に飛ぶと、神阿多都姫神が安保徹博士とお話し中であった。

「安保徹はこれまで通り、ヒーラーとしての仕事を続ける」と姫神が私に言った。姫神と私（KY2）とは初対面であった。木之花咲耶姫様の提案で、神阿多都姫神とKY2は浅間大社を出て東京の大ホテルのレストランで話を続けることにした。

KY2は、この日の夜遅くまで神阿多都姫神にお付き合いをしていた。この後、姫神は久しぶりの地球訪問を楽しまれて、2月11日、仕事場の惑星に戻っていった。

神阿多都姫神の親神は津零奇霊神《つぬくしひのかみ》で創造主の直系の神。この津零奇霊神については、拙著『続・神様がいるぞ！』の56頁以下に書いた。

津零奇霊神は浅間大社に本拠地を置いている、人類創生委員会メンバーのお一人である。

天之御柱神が新居を置いている富士山麓の別荘と、浅間大社とは近い距離にある。天之御柱神も、人類創生委員会メンバーのお一人である。このため、近所付き合いが非常に多い。

津零奇霊神にはこの神が生まれたときから相棒が居て、その名を活奇霊神《いくくいのかみ》という。同魂が二分割している状態の神。この活奇霊神は太古、微生物を造り出した神である。二神の間に「ひるこの神＝えびす神」「神阿多都姫神」「木の神」「宇迦之御魂神＝豊受大神（いなり神）」等の神々が生まれている。

一ノ四　先天性心身障害者

２０２２年２月６日（日）、私は75才の誕生日を迎えたが、「めでたいと思える感覚」はまったく起こらなかった。15％の魂のエネルギーで、とにかく生き続けなくてはならないからであった。

２月８日（火）、名古屋の女性読者からＦＡＸが入った。「主人をヒーリングしてほしい」との内容である。そこで彼の親神に、ＦＡＸに書かれている話を伝えた。

２月10日（木）午前中に、ＫＹ２はひまを見て名古屋に飛んだ。「心臓病を訴えている男性」の様子を見に行ったのである。

富士山麓から名古屋は「すぐそこ」である。この２日前に患者の親神がヒーリングを行なっていたが、根本的原因を治せたかどうかをチェックしておく必要があった。

「心臓病の根本的原因」とは、この男性が訴えている心臓病（＝医師の見解）が心臓そのものに起因しているのではなく、心臓を動かしている脳の神経組織が問題であることをＫＹ２が見抜いていたからである。それは小脳にあり、内臓を働かせている中枢機能であった。ＫＹ２が観察した限り、彼の親神は根本的原因を治してはいなかった。そこでＫＹ２はこの日一日中、彼の小脳の機能が正常な働きができるように神経経路を造った。

この一年ほど前、名古屋の女性読者から我が家に電話があり、息子さんのアトピーをヒーリングで治してほしいとの要望があった。九州から名古屋へは新幹線で行くことができるが、静岡県の掛川からだと近い。そこで、掛川のかおるに依頼してヒーリングに行ってもらった。息子さんのアトピーはこれで治った。

その一年後、今度はご主人の心臓病（？）をヒーリングで治してほしいとの要望であった。これをＫＹ２が治すことになったのは、右の話の通りである。この息子さんとその父親の親神は同じ神なのだが、ヒーリングが苦手な神である。神様によってはいざな実神のようにヒーリングが上手な神も居るが、苦手な神も居て、個性が皆違う。

２月11日（金）、木の神様からヒーリングを頼まれた。この神様からヒーリングを頼まれるのは、数年ぶりのことであった。

木の神は和歌山県のいたきそ神社の祭神で、創造神の一員であり、木之花咲耶姫の兄に当たる。ＫＹ２に連絡すると、ＫＹ２はすぐに木の神様のところに飛んだ。ＫＹ２は岐阜県の男性の家に案内された。非常に若い方であるが、問題は「禿頭」のことであった。髪を何とかならぬかと神様が言う。

若いのに髪が無くなってしまう男性が少なからず居ることを私は知っているが、そのことでヒーリングを頼まれたことはかつて一度もなかった。これはその方の「体質」であって、遺伝子的な問題ではない。つまり、遺伝子治療では治せない。

現場で神様とアレコレ話し合っている内に、ＫＹ２は何事かを思いついた。「頭髪豊かな男性の頭部皮膚とその髪の全情報を立体コピーしてこの男性に被せてみよう」と。木の神様が同意してくれたので、そのようにやってみた。一つの実験であった。

2月14日（月）昼前、ＫＹ２は沖縄に飛んだ。天照皇大御神から女の子（10才くらい）のヒーリングを頼まれた。大脳皮質が未発達で、小学校に行けない事態になっていた。そこで、大脳の細胞を新しく造る仕事を行なった。

終わった途端、今度は天之児屋根命様が「先天性心身障害者で15才くらいの男子」のヒーリングを依頼してきた。14日の深夜に、ＫＹ２は久しぶりに我が家に帰ってきた。

2月15日（火）昼前、KY2は金山彦神《かなやまひこのかみ》からヒーリングを頼まれた。金山彦神はいざな実の神の分神で、文字通り金山《きんざん》の神である。

患者は兵庫県在住の40才代後半の男性で、「心身障害者」だという。学校には行けず、自宅で両親に育てられていた。KY2は夜遅くまで新しい脳細胞を造る仕事を行なった。

脳細胞が未発達な人のヒーリングとは、「オーラの第5層にある人体の設計図に従って、新しい脳細胞とその組織を造る」ことをいう。未完成の脳細胞が正常にでき上がっても、脳機能が直ちに正常な働きを始めることはない。その後の時間がかなり必要となる。赤児の脳が幼稚園児にまで発達するまで数年かかるが、その何分の一かの時間を要す。その時間は患者の重症度によって異なる。脳のヒーリングは何であれ、人間のヒーラーが行なうのではなく、神霊界の存在が行なう仕事である。

「神霊界の存在」といっても、創造主が生み成した神、天之御柱神の他に数神と、KY1と2がこの仕事を成し遂げることができるというのが今の状況であるが、近々、ヒーリング専門官の魂たちがこの技術をマスターしていくと思われる。

2月17日（木）昼前、KY2は国之床立地神に呼ばれた。「虚言癖」の人についての相談事であった。そこでKY2は、その人を観察し続けた。すると、その人のオーラの第7層の一部に異状が見つかった。そこでその部分を波動修正した。

この仕事が終わると、次はいざな実神から声がかかった。相談事は、「血液の浄化をどのようにするのか」ということであった。いざな実神の後《うしろ》にヒーラーさんが1人控えていた。北欧出身の元女優さんである。

「腎臓に入る大静脈の血液を、腎臓に入る直前で浄化します。血液の中に含まれる余分な物、中性脂肪他を分解します。分解された物質は腎臓の中で浄化されます」とKY2は言った。するとヒーラーさんが、

「分かりました」と答えた。この元女優さんの名前を私は知らない。

血液がドロドロの人は、非常に多くの病気を持っている。高血圧による諸症状、心臓病、脳梗塞、脳血栓等である。従って、血の巡りを良くすることが大変重要である。原因は「ごちそう」の食べ過ぎにある。素食が良いのだが、現代人はこれが苦手のようだ。

いざな実の神は、元女優のヒーラーさんとKY2とを、御自身の御魂の人間のところに案内した。患者は、やや太りぎみの男性であった。元女優のヒーラーさんがヒーリングを始めた。非常にヒーリング・センスの良い方で、私の言葉だけで「血液の浄化の方

法」を理解できていた。

この仕事を終えると、次はすくなひこなの神から呼び出しが来た。そこで、KY2は北海道神宮に飛んだ。要件は「北海道ヒーリングチームの内の3名」に高度なヒーリング技術を教えることであった。KY2は、19日未明までその講師を勤めた。

2月24日（木）、御柱神が建御名方神《たけみなかたのかみ》（諏訪大社の祭神）の依頼で岐阜県に行った。患者は40代後半の男性で難聴である。

御柱神は、午後4時半頃からヒーリングを開始。KY2も見学に加わった。私の読者の中に難聴の人がおり、その方から数年前よりヒーリングの依頼を受けていたが、治せないままにこの日を迎えていた。

患者の聴覚器官の外耳・内耳に問題は無かったが、聴覚器官と大脳とを結ぶ脳神経が壊れていた。この神経系統を御柱神が再構築（再生医療）し、午後7時頃、ヒーリングを終了した。

これを見ていたKY2が、夜遅くに私の読者のところに飛んだ。福岡市に住む難聴の読者（男性）で私より10才くらい若い人である。難聴の原因が聴覚器官の故障とは限らない実例である。医師が治せない理由がそこにある。

KY2は24日深夜までに、聴覚器官と大脳とを結ぶ脳神経を修繕することができた。

しかし彼の聴覚が元に戻るのは、半年ほど先のことと思われた。脳神経が働き始めるには、長い時間を要する。


2月25日（金）、御柱神は前日から始まったロシア軍のウクライナ侵攻に関し、情報を集め、第3次世界大戦に発展しないか分析を重ねていた。

一方、KY2は北海道ヒーリングチームから呼び出しを受け、午前中に北海道神宮に飛んだ。その用件は、

「すくなひこなの神の魂の方がヒーリングに関して興味を持っているので、その理論を教えてやってほしい」ということであった。この方がヒーラー専門官になると、北海道ヒーリングチームは8人体制になる。KY2は午前中に、基本となるヒーリング理論をこの方に教えた。さらに夕方に、その方と共に大分県に飛んだ。実際のヒーリング現場を見せるためであった。

大分の患者は「すくなひこなの神」の御魂の女性で、40才前半の方であった。更年期

障害のヒーリングである。40才代の前半でも更年期障害に陥っている女性は大変多い。そのヒーリングは小脳にある脳下垂体の正常化という技術になる。

2月26日（土）午後1時、御柱神は神奈川県の横浜市青葉区にある一戸建の家に行った。この時間は、ロシアとウクライナ国境周辺は夜明けを迎えようとしている頃である。青葉区の女性は75才、建御名方神《たけみなかたのかみ》の御魂である。病名は「臭覚機能障害」で、要するに「香り、臭い」を感じることができない病気であった。

鼻の内側粘膜と大脳のニューロンとを結んでいる神経回路が壊れていた。KY2はこのヒーリングの見学を許可され、建御名方神と共に御柱神のヒーリングを見ることができた。神経回路の修繕は午後1時ちょうどに始まり、その11分後に終わった。その後数分、御柱神は患者の様子を見守っていた。

この夜、KY2は秩父神社の祭神「常世思兼神《とこよおもいかねのかみ》」に呼ばれた。常世思兼神は創造主直系の神で、天照皇大御神の相談役である。秩父神社の境内に入ると分かるが、この神社には「創造主」が祀られている。

常世思兼神の用件は、秩父神社にお勤め中の3名の魂にヒーリングを教えることにあった。そこでこの3人のヒーリング志願者にその理論の基本を教え、その後、実際の人間のところに行ってヒーリングを見せた。

その方は女性の知事さんで、日々コロナ対策のため、疲労困憊であった。そこで全チャクラから生命エネルギー（＝ヒーリングエネルギー）を注ぎ込んだ。さらに頭の中で泡のようになって留まっていたストレスを掻き出した。

この知事さんは、外国の大学を卒業しているインテリで、政治家になる前は民放でニュースキャスターを勤めていた。この道の先覚者でもある。夜遅くの時間帯におけるニュース番組であった。

2月27日、午前10時より御柱神が浜松市でヒーリングの予定、午後は奈良でも予定が組まれていた。浜松の患者は不登校の状態の女子高生で、親神は国之床立地神である。KY2はこのヒーリングを見学する許可をいただいていた。

午前9時にKY2は住吉大社に飛び、国之床立地神に合流した。そこから神様の案内で浜松の患者の家に入った。親神の話によると、「この子は学業の成績が悪くて不登校になってしまった」という。そこでＫＹ２が患者の頭の中を見ると、脳細胞は正常な大人の状態で五体満足、チャクラも正常、オーラの歪みも無い。一見して普通の女の子である。

午前10時、御柱神がヒーリングの現場に現れた。しばらくの間、患者の様子を見ていた御柱神は、

「オーラ全体のエネルギーが弱く、つまり生命エネルギーが乏しい状態なので、今晩この子が眠った後でオーラヒーリングしよう」と言った。「眠った後で」というのは「幽体離脱」させて、その魂全体の波動修正をすることを意味する。生命エネルギーを強くするのである。

次に、一行は奈良に飛んだ。午後に予定していたが、午前中にヒーリングすることになった。

２人目の患者は男子高校生で、親神は国之床立地神。不登校ではないが少々成績が悪いという。御柱神が見ると、原因は浜松の女子高生と同じであった。そこで患者が夜に眠った後に、魂の波動修正を行なうこととなった。

「学校の成績が悪いのは、脳細胞が正常にできていないからである」とばかり思い込

んでいた私は、この日、2人の高校生の状態を知って大変びっくりした。

翌日(月)午前1時、御柱神と国之床立地神とKY2は、浜松の女子高生の家に入った。患者の波動修正は国之床立地の神が行なった。波動修正は原則として、患者の親神が行なうのが良いからである。魂の波動修正の手法については、御柱神が国之床立地の神に教えた。午前3時頃終了。一行は奈良に移動した。そこでも波動修正は国之床立地神が行なった。午前5時頃終了。

2022年2月末現在で、神霊界のヒーリング専門官は以下のようになった。

出雲大社　21人(吉田首相含む)
春日大社　19人(道臣命含む)
多賀大社　22人
住吉大社　21人
浅間大社　13人
北海道神宮　13人

秩父神社　５人
白山神社　５人
臼井先生　５人

合計１２４人となり、12月末時点より48人が新たにヒーラーとなった。ＫＹ１とＫＹ２はこの数に含まれていない。

第二章　ヒーリングの実践・2022年夏

二ノ一　創造主の魂の男

2022年3月19日（土）早朝、伊勢の臼井先生から連絡が入った。「また、ヒーリングの依頼かな？」と思いつつ、布団からゆっくりと起き上がった。ところが臼井先生の話はいつもとはまったく違う内容であった。

「御柱神が宇宙船の中に居る」という。その位置は富士山頂の真上付近で、地表から3万メートルほどの上空だという。宇宙船としては小型らしい。宇宙連盟所属の偵察型宇宙船である。

国際線の飛行機は、地表から1万メートルほどの高度を飛ぶが、それよりさらに2万メートルも上空に宇宙船が来ている。仮にこの宇宙船が物質化しているとしても、人間の目には見えない。

KY2は、さっそくその宇宙船目指して飛び上がった。宇宙船はまだ物質化しておらず、非物質（人間の霊界と同じような波動体）としての存在のままであった。その中に御柱神が居た。御柱神がその宇宙船を呼んだということである。

目的は、第三次世界大戦が起きないようにするためであった。ロシア軍がウクライナに軍事進行を始めてから23日目ので き事であった。

KY2は地上で神々からのヒーリング依頼を受けるために、富士山麓にある御柱神の別荘に下りることになった。当分の間、御柱神がロシア・ウクライナ問題を注視するため宇宙船から出られそうになかったからである。

宇宙船が富士山上空に来てから4日目の3月23日（水）早朝、御柱神からKY2に連絡が入った。天之御中零雷神《あめのみなかぬちのかみ》（創造主）が宇宙船に入ったので、来るようにと。そこでKY2は再び宇宙船に飛び上がった。天之御中零雷神は60年ごとに地球を訪れていることになっており、前回は2013年のことであった。神はロシア・ウクライナ問題についての報告を受け、慣例を破ってこの日の地球来訪となった。

このとき、天之御中零雷神は宇宙艦隊を連れてきていた。

次に神は、KY1を呼んだ。地上と宇宙船との連絡役としての仕事をさせるためである。昼頃、天之御中零雷神は国之床立地神を宇宙船に呼んだ。ロシア・ウクライナ問題についての会議のためである。

翌日24日（木）、天之御中零雷神は宇宙船を出てウクライナを視察した。KY1を連れていた。神が宇宙船に戻ったのは、26日（土）であった。この間、KY2は地上にあって、人々のヒーリングをしていた。

話は5月に飛ぶ。5月12日（木）昼前、天之御中零雷神が宇宙船を出て、多賀大社に下りた。そこにはすでに神々が集まっており、KY2もそこに呼ばれた。会議のテーマは、ロシア・ウクライナ問題が第三次世界大戦に発展しないようにすることであった。この日、神は6月末まで地球に留まると言っていたが、実際には7月20日（水）に地球を出た。


ここで話は地上の人間世界に戻る。6月1日（水）に、札幌の読者から手紙が届いた。この方は拙著の25年来の読者と記憶していたが、かつて一度も出会ったことがなく、どんな仕事をしている人かも知らなかった。手紙には、「自分の魂は天之御中零雷神だと思うが、どうか」という内容が書かれていた。そこで、宇宙船に居る天之御中零雷神にこの方の魂のことを質問してみた。しばらくして神から連絡が入った。

「今からおよそ600年ほど前に日本人として生みなした魂である」と。守護神は北海道神宮に祀られている「すくなひこなの神」と分かり、大変驚いた。親神が私と同じで、魂は兄弟同士である。この方を仮にQBさんとしておく。

天之御中零雷神は先にも書いたように60年に一度、地球を訪れることになっているので、その間、自身の御魂の人の守護を地球担当神に頼んでいる。私の場合、守護神は大国主命様である。

ＱＢさんは今回が６回目の人生で、このとき79才になっていた。私とは今生で年齢差が４才で、兄ということになる。守護神の「すくなひこなの神」は天之御中零雷神の分神で、大国主命が生まれたときに大国主命の顧問役として地球に派遣された神様である。

大国主命には兄弟神がいる。大国御魂神《おおくにみたまのかみ》、大那牟遅神《おおなむちのかみ》、葦原色許男神《あしはらのしこおのかみ》の三神である。この内、大国御魂神と大那牟遅神が北海道神宮の祀神となっている。それで「すこなひこなの神」がこの二神の顧問役として、北海道神宮に居ることになった。

ＱＢさんから送られてきた茶封筒の裏側に、御自宅の電話番号が小さく書かれているのを発見した。そこでＱＢさんの家に電話すると、すぐ本人が電話に出た。ＱＢさんの魂の親神と守護神の名を言うと、ＱＢさんは大変喜んだ。次に私は、「札幌で私の講演会を主催してくれませんか」とＱＢさんに言ってみた。しかもその日を、７月24日の日曜日と指定した。

会ったこともない、見ず知らずの人にこんな重大なことをいきなり頼むのは非常識も

甚《はなは》だしいのだが、魂が兄弟と分かったので私の意識が図々しくなっている。ＱＢさんの答えは、

「はい分かりました。７月24日ですね」だった。

翌日６月２日（木）、ＱＢさんから電話が入った。

「７月24日の講演会場がとれました。かでる２・７という建物で、中央区北２条西７です」と言う。あまりにも素早い行動にびっくり仰天である。とても79才になる人の行動力とは思えない。そこで、

「いつもはどのようなお仕事をしておられますか」と私は質問した。

「健康問題を研究していまして、月に一度、勉強会の講師をやっています」とのお答え。続けて、

「この会場を時々使っています」という。道理で仕事が早いわけだ。

さっそく札幌市の詳細地図を開けると、中央区北２条西７丁目はすぐ分かり、「かでる２・７」と建物名が書かれていた。その建物は北海道警本部の隣のビルで、非常にわかり易い場所である。迷いようがない。そこで宿泊所は、札幌駅と会場とのほぼ中間の

大きなホテルに決めた。

6月3日（金）、QBさんから電話が入った。

「自分の研究会に来ている人の中に池田さんのヒーリングを必要としている人がいて、順番に1人ずつヒーリングの説明をしているところです」という。

「私は私の読者でないとヒーリングしません」と答えた。すると、

「かつて、私の勉強会で池田さんの本を教材として使っていました。『神様といっしょ』の第4章です」という。その章の題は「天之御中零雷神」で、神が2013年に地球を訪れたときの記録である。QBさんは御自身の魂がこの創造主から来ていることについて、以前から確証を持っていたようだ。

「QBさん、御自身のヒーリングは？」と質問すると、

「私のヒーリングは必要ありません」ときっぱりおっしゃった。79才の人で何も病気を持っていないとはびっくりである。この年齢だと、心筋梗塞か脳梗塞、癌、腎臓病等々、何らかの病気をしているものである。QBさんは守護神に守られ無病であるらしい。QBさんとの電話で、御自身はヒーラーになる希望は持っていないと分かってきた。

「非常に惜しい」というのが私の感想だった。ヒーラーになるについて、男性の高齢は関係ないと思われるからである。

6月4日(土)、私は北海道の読者に、7月24日の講演会についての「お知らせ」の電話を開始した。QBさんとは何の関係もない、以前からの読者の方々である。その方々あるいは周辺に、ヒーリングを必要としている人が居るかどうかについての聞き込みをした。

6月5日(日)、札幌在住の女性からヒーリングの申し込みFAXが入った。QBさんから勧められ、御自身も含めて4人の患者名が書かれていた。さっそく4人の親神様を調べた。すると、日本に祀られている神様の名が分かった。ところがその親神に守護されていない方々であった。そこで各自の親神様が祀られている札幌周辺の神社に参拝し、ヒーリングの許可をいただくように指示した。7月24日の講演会まで、まだ充分日があった。

その24日の講演会の日をはさんで数日、札幌に滞在することになると予感した。そこで、7月22日（金）に北海道入りし、26日（火）に帰宅する4泊5日の日程を考えた。さっそく札幌のホテルに電話すると、希望通り部屋がとれた。ヒーリングは5日間のいずれかの日に行なうこととした。7月24日は本州等で学校が夏休みに入っており、北海道への旅行者が多くなるのではと気になっていたので、ホテルには早めの予約を入れた。

6月6日（月）、私は北海道講演会について案内状をフリーハンド（直筆）で作成した。ワープロによる清書をしていない。その案内状を、ＱＢさんや私の読者にＦＡＸした。

案内状の下部に、

①ヒーリングの申し込みは私の本の読者に限る。

②7月24日の講演会が終了直後に申し込みされるヒーリングは受付できない。

等の文章を書き入れた。

①はヒーリングが何のことか分からない人のヒーリングはできないからである。手翳しでどうして病気が治るのか、その原理が分からない人のヒーリングは不可能である。「原理」とは、波動修正その他のことである。

②は患者さんの親神、あるいは守護神の許可が必要で、そのためにかなりの時間を要するからである。

ＱＢさんには、宿泊予定のホテル名と札幌入りする日を告げた。

６月８日（水）、私は７月22日から26日の北海道での仕事について、簡単に書いてＱＢさんにＦＡＸした。するとＱＢさんから電話が入り、

「22日は新千歳空港に自分の車で迎えに行く」という。

「空港からＪＲ札幌駅へは電車で行ったほうが早くて、車だと途中混む所があり、時間がかかり過ぎる。迎えは無用です」と言って申し出を断った。

６月９日（木）、私は北九州空港のカウンターに行って７月22日と26日の航空券を買った。この日の夕方に飛行機の便名を書いてＱＢさんにＦＡＸした。するとＱＢさんから電話が入った。

「どうして羽田経由で来るのですか。福岡空港から新千歳へは直行便があるのに」という。

「福岡県には空港が2つありまして、東側に北九州空港、西に福岡空港があります。我が家は北九州空港に非常に近い所に有りまして、福岡空港へは1時間以上かかります」と答えた。北九州空港から新千歳空港へは直行便が無く、羽田乗り換えとなる。しかし羽田での乗り換えが面倒とは思えなかった。「羽田でちょっと一休み」が良いと。QBさんは、福岡県に2つも空港があると知りびっくりしていた。

「22日はホテルで会いましょうか」とQBさんが言った。

「22日は午後に北海道神宮に参拝し、その後でチェック・インという予定です」と私。

「それならば、私の車で行きましょう」とQBさんからの申し出である。

「それはありがたい。よろしくお願いします」QBさんに対して遠慮の気持ちがない。

二ノ二　認知症のヒーリング

２０２２年7月22日（金）朝、５時起きして北九州空港に向かった。自宅から空港まで車で15分位かかる。自分の車を空港の広大な駐車場に置いた。羽田行きの飛行機は６

時50分発の予定であったが、その時間が来ても駐機場所からなかなか動こうとしなかった。出発できない理由は何もアナウンスされなかった。羽田では、午前9時発の千歳行きに乗り換える予定でその時間には充分余裕があると思えた。

ところが、機が空港を離れたのは7時30分頃で、羽田の乗り換え時間があまり無くなってきた。羽田で軽い朝食を摂るつもりだったが、諦めざるを得ない。

前日までに、札幌で13人のヒーリングをすることが決まっていた。その内の2人は、この日22日の午後3時からヒーリングを開始する予定になっていた。

この2日前、7月20日（水）、天之御中零雷神が地球を離れ、宇宙の中心へ戻る旅へと出発した。このとき、天之御中零雷神は御柱神と相談の上、ＫＹ１を自身の中に吸収した。ノストラダムスやブレナン博士と同じ措置となった。従って22日に飛行機に乗ったときの私の魂は、全体の30％のエネルギー体である。

北海道で予定している患者の内に、かつて7年前に札幌でヒーリングしたことがある女性が含まれていた。古くからの読者の1人ではある。その方の御主人のヒーリングをその女性から頼まれていたが、ペンディングになったままであった。病名は認知症という話である。KY2は認知症のヒーリングができるはずであるが、まだヒーリングの予定が分かっていなかった。

その患者は金山彦神の御魂であるが、5月11日に神がヒーリングに行ったところ、その患者の魂がヒーリングのことを知らず、神様のヒーリングを断ったという経緯があり、以来ペンディングされたまま今回の北海道行きが決まった。

北九州空港を遅れて出発した機は、その遅れた時間を飛行中に取り戻すことはできないまま、羽田に着いた。千歳行きの機に乗り換える時間はほとんど無くなっていた。千歳行きの搭乗はすでに始まっていた。すべり込みセーフのようなものである。もちろん朝食を買う時間はまったく無かった。

午前10時35分頃、予定通り新千歳空港に着いた。QBさんとホテルで出会う時間は、午後1時と決めていた。その時間まで充分余裕があるので、空港で食事をすることにした。7年前に来たことがあるとはいえ、空港のどこにどんな店があるのか、すっかり忘れていた。しばらく空港のアチコチを見ている内に一ヶ所、食堂を見つけ、その店に入った。

「アラ、この店、この前にも来たワ」と妻の由美が何事かを思い出したように話した。

好きな食べ物が決まっているので、このようになるのだな～と思った。時間的に朝食と昼食とがいっしょになってしまった。

ゆっくりと北海道の味を楽しみ、ＪＲ札幌駅へと向かった。ＪＲ札幌駅に着き、駅ビルを出ると、「ものすごく暑い」。北九州市と同じような気温である。７年前とまったく違う札幌になっていた。

目指すホテルは、駅から見えるような距離にある。歩いてホテルへ向かった。ホテルに入ると客らしい人の動きはまったくなく、ホテルの従業員たちが位置についているだけであった。ウイルスのせいで宿泊客がほとんどいない感じである。

この日、国内の新型コロナウイルス感染者は19万5千人を超えていた。チェック・インの時間にはまだ早過ぎたが、荷物をフロントに預けた。ＱＢさんはロビーに来ていた。すぐ私を発見してくれたようだ。ＤＶＤが役立っている。ＱＢさんは私より背が高くなく、しかし体重は私より重いのではなかろうかと想像できる。どこにでもいる「フッーのおじさん」という感じである。

「初めまして、池田です」と挨拶。

「すぐ北海道神宮に行きますか」とＱＢさんが言う。

「他に2人が同行します」と私は言って、ロビーを見た。その2人らしい人が居た。近づくと、すっと立ち上がった。

「初めまして、池田です」と挨拶。御夫婦であるが、御主人とは初めての出会いである。奥様は7年前、私の講演会に出席されていたらしいのだが、私は憶えていなかった。この御夫婦とQBさんとは、初めての出会いであった。互いに挨拶が終わって、北海道神宮へ出発した。車2台に5人が乗っている。

この日、北海道神宮は夏の例大祭が行なわれており、参拝客が非常に多かった。拝殿に向かって参拝客の列の最後尾に5人並んで、参拝の順番を待った。待っている間もジリジリと熱い。型通りの参拝を終えて、5人は出発したホテルに戻った。まだチェック・インの時間には早かったので、ロビーにあるレストランに入った。

初めて出会った方々ではあるが、堅苦しさは無かった。皆で北海道神宮を参拝した直後のせいだろうか。同調している感じになっていた。冷たい飲み物を一杯飲みほして、一行をそこに残し、私は次の仕事に取りかかった。チェック・インの手続きである。部屋のカードキーを持ってレストランに戻った。部屋番号を皆さんに伝えるためである。

この後、71才と47才の女性患者をヒーリングする予定になっていた。この2人は親子、

QBさんの紹介である。QBさんはその2人とロビーで待ち合わせをすることになっていた。私は一足先に部屋に入り、荷物を下ろした。やがて時間が来たので、私は再びロビーへ下り、3人を迎えた。患者の2人とは初対面である。

「初めまして、池田です」と挨拶。

QBさんの立ち会いの元で、親、子の順で型通りのヒーリングを行なった。私のヒーリングをQBさんが無言で見守っていた。この日の仕事はこれで終了した。長い一日であった。

7月23日（土）午前中に、4人のヒーリングを行なった。その内の1人に60才になる男性がいて、ステージ4の癌になっているという。型通りのチャクラヒーリング、オーラヒーリングを実行した。胃癌とか大腸癌等の場合は、癌化している臓器の上に手が行くと、私のその手が激しく熱くなるが、この方の場合、反応がまったく無かった。癌細胞が血液に乗って全身に動き廻っているようだった。この場合、癌細胞を解体するNKキラー細胞を活性化する手法が有効である。私はそのヒーリングを行なっておいた。効果は、数日後に明らかになる。

Ｑ Ｂさんは、この日も朝から患者さんたちといっしょに来て、私のヒーリングを見守っていたが、何も発言しなかった。午前中の４人の病名は全て異なるが、ヒーリングの型は全員同じ動きである。そのことでＱ Ｂさんは質問しなかった。

午後１時からは、認知症の御主人の介護に少々疲れている御婦人のヒーリングである。７年前にこの方のヒーリングを一度行なっている。そのときは御主人の話は出なかった。型通りに、一通りヒーリングを終えた。

「明日の講演会に主人を連れていきます。主人は楽しみにしています」と御婦人は言った。

「認知症の人が、講師の話を長時間にわたり聞き続けることはできるんでしょうか」と私。

「主人は人の話はよく聞くんです。ただ、その話を憶えていないんです」と御婦人は言った。なるほど、認知症なんだと私は納得した。記憶を司る脳の細胞、海馬が衰えているに違いない。従ってその脳細胞を新しく造り治せば、病気をなくすことはできる。

しかし、５月にこの人の親神、金山彦神がヒーリングしに行ったとき、この人の魂がヒーリングを拒否している。従って、私のヒーリングも拒否するに違いない。そこまで考えたときに一瞬、閃《ひらめ》いた。

「この人の魂は今、ヒーリングの何たるかを知らないが、明日の講演会ではヒーリングを理解し、本人の表面意識が何であれ、魂は神様のヒーリングを受け入れるに違いない」と私は思った。

「明日、会場で御主人と会えることを楽しみにしています」と私は言って御婦人と別れた。この後、さらに2人のヒーリングを行なって、この日予定していた仕事を終えた。


7月24日（日曜日）午前中に、2人のヒーリングをした。この2人は、22日に北海道神宮にいっしょに参拝した御夫婦である。型通りのヒーリングをしていったん解散し、午後1時に再び講演会場のかでる2・7で出会った。

講演が始まる前に、認知症の夫を連れた御婦人と会場で出会うことができた。その御夫婦をできるだけ前の方の席に案内した。お互いに顔を確認しあえるようにしておいた。

7年前ヒーリングした読者さんたちが、次々に会場入りしているのが見えた。皆、7年分、老化現象が進んでいる感じである。その内の1人の男性から、講演会の後でヒーリングを申し込まれていた。アンチエイジングのヒーリングである。74才になっていた。

講演は午後1時30分に始まった。話を進めながら、認知症の男性を「チラッ、チラッ」と見た。ちゃんと私の話を聞いているようでとても病人には見えない。時々、「私の話、分かりますか」と声をかけた。すると、首を縦にふって、分かりますとのジェスチャーをする。

「この人、ほんとに認知症なのかなー」と疑った。そこで最後に、「ヒーリングしましょうか」と私は言った。すると、彼は自分の胸の前に両手を合わせ、「よろしくお願いします」と言うように首を縦にふった。言葉を発することは無かったが、「この人、分かっているのだな~」と感じた。

講演は3時30分に終了した。会場における時間帯の要件で質問は受けなかった。しかし、私の家の電話番号、FAX番号をホワイトボードに書いておいた。「質問はこちらへ」と言って。

かでる2・7の建物内で長居はできなかった。ヒーリングを依頼された患者さんが居るからである。その方は千歳から来ていた。25年来の読者で、過去に数度ヒーリングをしていた。

その千歳の読者といっしょにホテルまでゆったりと歩いた。

「最近、体がフラー、フラーとして倒れそうになる。すごく危ない」と彼は言った。脳内の血管に何か問題が起こっているかなと思いながら、彼の歩き方を見ていたが、何の異常も感じなかった。

ホテルに着いてすぐ彼のヒーリングを始めた。すると、臼井先生が伊勢から来てくれた。この患者さんの魂はティアウーバ星人で、守護神は臼井先生である。伊勢神宮の閉門時間、午後5時になっていた。型通りのヒーリングを終えて、エレベーターの所まで見送った。臼井先生が彼といっしょに動いている。

部屋で夕食を終え、休んでいると、臼井先生から連絡が入った。

「ヒーリングを手伝ってくれ」と。私の魂が千歳に飛んだ。臼井先生と交代でヒーリングを進めた。

翌日の午前2時に終了。この患者は体の特定の部分が何らかの病気を発症していたのではなく、一般的な老化現象であった。つまり、ヒーリングはアンチエイジングとなった。細胞を若返らせるヒーリングである。千歳でのヒーリングを終了した途端、今度は金山彦神から呼び出しが来た。

「認知症のヒーリングを頼む」と。どうやら金山彦神とその魂の男が、ヒーリングについて合意に達したようである。私の魂は、すぐ金山彦神のところに飛んだ。そのヒーリングは25日の朝まで行なわれた。

二ノ三　心臓病のヒーリング

7月25日（月）午前中に、女性患者を1人ヒーリングした。この方は御自身の仕事の関係で、月曜日をヒーリングの日とあらかじめ決めていた。土曜日や日曜日に仕事を休めない人というのは意外と多く、講演会の後の月曜日をヒーリングのために予定しておくことは、常に必要なスケジュールであった。この日もQBさんは、その女性のヒーリングを終始無言で見守っていた。

北海道における仕事の予定は全て終わった。札幌に行く前にヒーリングがペンディングになっていた認知症の男性は、結局深夜にヒーリングを終了していたので、4日間におけるヒーリングの事例は全部で14人となった。午後からは帰宅の仕度に取りかかった。観光のスケジュールは作っていない。

7月26日（火）午後、予定通り帰宅できた。すぐに電話機を使えるようにセットした。するとき、夕方にさっそくQBさんからFAXが入った。

「ごくろうさまでした」と。

「ヒーリングをした人は全員治っています」とQBさんにFAXを送っておいた。ところが札幌で23日（土）にヒーリングした人から、追加のヒーリングの依頼がきた。そこで我が魂は再び北海道に飛び、翌日27日（水）夜明けまでに追加のヒーリングを終了した。

5日間家を留守にしていたので、冷蔵庫の中が寂しくなっていた。27日午前中にさっそく買い出しに走った。休む間も無く専業主夫の仕事に戻った。同時に次の仕事にそなえた。次の仕事とは、8月21日の静岡講演会のことである。講演会場は、掛川市にある公共施設内の会議室である。掛川市は、DVDを作ってくれたかおるの地元である。

5月に私からかおるに電話で、8月の講演会を主催してくれるように頼んでおいた。つまり、北海道講演会の企画が始まるより1ヶ月以上前に、掛川の講演会が決まっていたのである。北海道のQBさんが、掛川の講演会に申し込んできた。「私用が重なって東京へ行かなくてはならなくなった。その日が8月21日の前後で、その21日は時間ができたので、掛川の講演会へ行くことにした」と言う。

「札幌でお話しした内容とまったく同じですが」と私は言った。しかしQBさんは掛川に行く話を引っこめることはなかった。びっくり仰天だが、お断りする理由はなかった。

7月29日（金）、沖縄の読者（女性）から電話が入った。御自身の娘さん（17才）の心臓と肺動脈弁が正常に働いていないという。8月21日に掛川の講演会に行くので、そのときヒーリングしてほしいとの話であった。さっそく、その娘さんの魂の親神を調べると、国之床立地神であった。そこで国之床立地神に連絡すると、担当のヒーラー（神霊界の存在）といっしょに今夜、ヒーリングに行ってほしいという。

この夜、私の魂と住吉のヒーラーが沖縄に飛んだ。患者の症状を調べると、自分たちのヒーリング技術ではどうにもならないことが分かった。これまで心臓病のヒーリングを多く手がけてきたが、見たことがない心臓疾患であると我が魂が伝えてきた。そこでヒーリングチームは富士山上空の宇宙船に行き、天之御柱神に相談した。すると神は、「自分のスケジュールを考えて、ヒーリングに行く」と言った。翌日の30日に沖縄の読者さんにそのことを電話で連絡した。

「天之御柱神が直々にヒーリングに行くことになりました」と。すると彼女は、大変感激していた。

「ヒーリングはいつになりますか」と彼女の質問。

「おそらく来週中だろうと思います」と私は答えた。心臓疾患の娘さんを連れて掛川へ来ることは疑問に思っていたが、8月21日の講演会に出席する予定を変えさせることはできなかった。

7月30日(土)午後3時頃、長野県埴科《たてしな》の難病患者(61才の女性)から電話が入った。「8月21日の掛川講演会に友だちといっしょに行きたいのですが、病気が治らず、困っています。近くにある白山神社にお参りに行って、病気を治してくれるようにお願いしてますが、神様に通じていないようです。何とかしていただけませんか」と泣きながら、か細い声で言った。

「そうですか、どうなっているか神様に聞いてみます」と私は言って、いったん電話を切った。この方が言っている「友だち」と考えられる人に電話をした。その人は長野県千曲《ちくま》市に住んでいる女性である。この方も61才になっていて、埴科の女性とは小中高と同級生であるとのことであった。千曲市と埴科の町とは隣町である。その千曲市の女性が、

「21日当日は、マイクロバスをレンタルして、皆で掛川に行くことになっています。埴科の彼女については、行きたいという希望は聞いていますが、おそらくバスに乗れないと思います。病気が治らず、長時間の乗車に耐えられないと考えられます」と説明した。ここでいったん電話を切った。私はこの方々と一度も出会ったことがなかった。


話は、２０２２年の4月25日（月）にさかのぼる。

その日、千曲市在住の女性から電話が入った。非常にあわただしく、

「私の友だちに難病患者が居て、治して下さい」と言う。そこで私は、

「あなたの名前と生年月日、住所、電話番号、それと難病患者の名前と生年月日、住所並びに病状を書いてＦＡＸして下さい」と言って電話を切った。

すると、翌日の26日（火）にＦＡＸが入った。そこには５人の名前と住所、病名が書かれていた。そこでまず、この５人の親神がどなたであるかを調べた。４人は日本に関係している神で、１人は親神が地球に居ない神であった。どこか遠い宇宙で仕事をしている神のようで、その仕事のことも神名もわからない。日本に関係ある神の御魂らしい４人について、それらの神に「この人たちの守護をしておられるかどうか」を聞いたところ、

「知らない」という返事である。つまり、５人共守護神が付いていないということが分かってきた。ヒーリングをするには「親神かまたは守護神」の許可が必要である。

そこで千曲市の女性に、「５人共、守護神の許可が下りないので、ヒーリングできません」とＦＡＸした。ヒーラーは医者でないので、難病の患者であろうともヒーリングを断ることが多くある。その理由をこの方々がご存知ないと思えた。それは私の本をきちっと読んでいない証左である。

「ヒーリングに関して、これまでに7冊の本を出版しています。それらを全部読んでからもう一度電話して下さい」と電話した。難病患者が7冊もの本を読むことは大変むずかしいことではある。しかし、御家族のだれかが本を読むことはできる。患者の御家

族が本を読むことを拒否する場合は、ヒーリングする可能性は0《ゼロ》になる。

千曲市の女性に5人のヒーリングについて断りの電話をしたが、5人の内の1人のことが大変気になった。天之川系銀河よりずっと遠い他の宇宙で仕事をしている神の分魂の女性のことである。

5月に入って、天之御柱神がこの女性の魂を調べてくれた。その結果、この人の魂は「面足神《おもたるのかみ》」の分身の分け御魂らしいことが分かってきた。面足神は陸地がある惑星で真水を造る神である。同じ役目を持っている神々が、他の銀河系内にある惑星でその仕事をしているのは多いにあり得る話である。地球から遠く隔たった宇宙のどこかで仕事をしている神が、地球にその分魂を送り込んで地球人を体験させている事例は多々あるに違いない。

問題は、その神が御自身の分魂の人の守護を地球担当神に頼んでいない場合である。

そこで、関係しそうな神々に集まっていただいて、埴科の女性の守護について話し合っていただいた。その結果、「面足神」が仮親になることが決まった。面足神は白山姫神や水発《みつは》の女神（泉の女神様のこと）等の親神である。そのため、福井県の白山神社に居ることが多い。

5月22日（日曜日）、私は右のことを簡潔にFAX文に書いて、千曲市の女性に送っておいた。この人たちが面足神について何の知識も持っていないだろうことは承知の上で。

話は、7月30日の午後に戻る。埴科の難病患者から電話が入った後のことである。私は面足神にこの女性のことで連絡した。

「まだ病気が治っておらず、8月21日の掛川講演会に参加できそうにないとのことです」と。すると、面足神は7月31日から8月2日まで、ヒーリングを行なって難病の原因を全て治した。私は埴科に電話して、右のことを伝えた。

7月30日（土）朝、オーストラリアの神からKY2に連絡が入った。御自身の御魂のオーストラリア人のヒーリング依頼であった。この神様からは、過去にも度々ヒーリングの依頼があり、その度に私の魂がオーストラリアに出かけていた。生身の私は、オーストラリア旅行をしたことがなかった。私はKY2に「このオーストラリアの神様にヒーリング技術を教えるべきだ」と言った。このやりとりを聞いていた天之御柱神が、「それならワシが行く」と言って、オーストラリアに飛んだ。後に分かったことであるが、このオーストラリア担当の神は天之御柱神の分神ではあるが、古代に別れた神であった。

オーストラリア大陸には、他にも多くの神々が居る。世界中から入植者が来て、オーストラリア人になっているからである。その民族ごとに守護神がいる。

天之御柱神が帰国したのは、8月2日（火）であった。その後もオーストラリアの守護神から、ヒーリングの依頼は続いた。

天之御柱神はロシア・ウクライナ情勢を見つつ、オーストラリアの分神に神界のヒーリング技術を教え、さらにもう一つの問題も気にかけていた。内閣改造の件である。岸田文雄首相の魂は「しなつひこの神」の分魂であるが、今は天之御柱神の分魂である。

8月10日（水）、第2次岸田内閣が認証式を終えた。続いて、

8月12日（金）、副大臣が全員決まった。その夜、天之御柱神は住吉大社のヒーラーとKY2とを連れて沖縄に飛んだ。大変むずかしい心臓手術は、13日（土）の午前6時

に終了した。

その3日後、16日（火）昼過ぎ、住吉ヒーラーが沖縄の娘さんを見に行った。「心臓手術はうまくいった」と伝えてきた。そこでKY2が沖縄に飛んだ。すると、娘さんの心臓は正常な形に治り、うまく機能していた。私は娘さんの母親に8月12日夜以来のでき事を電話で連絡した。

二ノ四　三叉神経《さんさしんけい》のヒーリング

8月19日（金）午後、東京で79才の女性をヒーリングした。この方は、娘さんに連れられてきた。その娘さんから、この年の5月末に「母が軽い認知症ぎみで困っています。ヒーリングで治して下さい」とFAXが入っていた。

その日、さっそくこの患者さんの親神に連絡した。その神様はすぐ東京に飛んで、患者さんを観察し続けた。その結果、

「認知症とは思えない」と私に連絡してきた。

「娘さんの勘違いということもあるのかね」と思い、ヒーリングの日を決めないでいた。ところが7月末に電話すると、状況は何も変わっていないようであった。そこでヒーリングをこの日に決めた。

型通りヒーリングをしたが、「認知症」なのかどうか分からなかった。娘さんとその母親と私とは、テーブルをはさんで世間話を始めた。しばらくして、その母親が私に、

「あんた、いくつか」と質問してきた。通常、読者は私の年を知っている。だがこの母親は、私の読者ではないらしいと思った。

「75才を少し過ぎました」と私は答えた。世間話がまたしばらく続いた。数分後、その母親は再び、

「あんた、いくつか」と質問してきた。先ほど答えたが、聞こえなかったのかな、と私は思い、

「75才を少し過ぎました」と答えた。しばらく世間話が続いた。5分位経った頃、3回目の質問が繰り出された。

「あんた、いくつか」と。

「認知症ですね～」と私は娘さんに叫んだ。彼女が心配していたことはほんとうのこ

とであった。私の魂のＫＹ２が直ちに問題となっている脳細胞を発見し、その再生医療を開始した。手術が進行している間、娘さんと母親と私とは世間話を続けた。午後３時少し前に散会となった。

８月21日、掛川の講演会場には50人ほどの読者が集まっていた。席の前から二列目に、２日前にヒーリングした「認知症」の高齢者が、娘さんといっしょに座っていた。チャクラの話、オーラの話、波動調整のこと等、ヒーリングの原理を説明した頃、その79才の女性に、

「分かりますか」と質問した。すると、

「ヒーリングのことがよく分かりました。なぜ治るのか、よく分かりました」と言った。あらかじめ、本を読んでいれば分かりそうな話だが、と思いつつ、

「認知症は年内に治ると思います」と私は言った。

「まあ〜、うれしい」と彼女は手をたたいて喜んでいた。通常、認知症の患者は自分が認知症であることを知らないのだが、この人はすでに治っているように見えて、不思議な思いであった。

講演会場に長野県からマイクロバスを使ってやってきた一団が居た。その数12人で、全員私とは初対面の人々であった。その中に背が低く、大変痩せた女性が居た。一見して病み上がりである。この方は、5月18日にヒーリングの依頼をＦＡＸしてきた。年齢は私と同じ、ＦＡＸの内容は以下のようである。

私は11年前の夏（２０１１年）、高さ20センチ位の通路から足を踏みはずし、左鎖骨を骨折し、入院2週間。退院の2週間後、その家を引っ越しすることに決めた。入院中から口の中の渇きに気づき、水分を飲んでも潤うことはなく、私の口の中左半分は味覚がありません。歯が悪いのかと医者に行き、説明すると、3ヶ所程医師を紹介されそこへ行きました。最後は脳神経外科を紹介され、出されたのが「テンカン」の薬でした。病名は三叉《さんさ》神経痛。この薬を飲むと頭がボーッとしてやる気が出ません。

6年前97才の姑を送り、これからは自分の時間と思っていました。4年前大腸癌で手術。3年前、三叉神経手術、しかし顔の痛みは消えません。2年前、顔の左側ブロック注射、しかし顔の痛みは消えません。

最近、夜中の1時半〜3時頃に痛みで起き、薬を飲む。口元と目、額から頭の左上に痛みがず〜っと走っていきます。朝方に薬が効いてきて、午前11時頃まで寝込んでしまいます。

——令和4年5月17日記——

このFAXを読んで顔面神経痛と三叉神経痛のヒーリングが必要と分かった。そこで、この方の親神を調べた。生年月日と現住所が書かれており、それを足がかりに親神がどなたかを調べることができる。ヒーリングの仕方が分かっても、ヒーリングするについてはその方の魂の親神の許可が必要なのである。もし、その許可が下りなければ、ヒーリングに行くことができない。

その方の親神は「火明《ほあか》りの神」であった。この神は三兄弟で、火火出見《ほほでみ》、ほすせり、火明り、と火山の神である。この三神の親神が国之床立地神で私と非常に仲が良く、日々、ヒーリングを頼まれている。国之床立地神は人間のヒーリングを非常に重視しているのだが、その分神の火の神三兄弟は人間のヒーリングについて、どういうわけかあまり興味を示さない。おそらく、全世界の火山を担当しているからであろう。

火明りの神は天火明命《あめのほあかりのみこと》とも書く。この神を祀っている神社は、愛知県一宮市にある真清田神社である。

その真清田神社の神に、長野県の患者について「ヒーリングしても良いか」と質問した。すると、返事がない。そこで、

「私（の魂）がヒーリングするが、現場に立ち会っていただけますか」と聞いてみた。すると、

「立ち会う」と返事がきた。御自身では人間のヒーリングをしない神であるらしい。

この夜、私の魂（KY2）は長野県上田市の患者のところに行って、三叉神経と顔面神経との傷んでいる部分を再生医療で治した。治療は、翌日の5月19日（木）午前中まで続いた。その一部始終を火明りの命が見守っていた。

3ヶ月後、この患者さんは静岡の掛川で私の講演会を聞いていた。

この間の状況について火明りの命は、

「奇跡を見ているようだった」と言っている。神の視点でもこうしたヒーリング技術は「奇跡」と見えるようである。

三叉神経は眼神経、上顎神経、下顎神経の三つに分かれているが、大脳の下部にある

脳幹に入るところで一つの束になり、右側の束と左側の束とに成っている。
顔面神経は顔全体の神経系である。前著『天使の癒やし』46頁以下に神経を治すヒーリングについて記した。私の魂は、この神経系を治療するのがすごくうまいようである。長野県上田市の女性患者のときも、同じようにヒーリングを行なっていた。

火明りの命の御魂の人から、ヒーリングの依頼が続いた。その方は札幌在住の女性で、QBさんから私のヒーリングの話を聞いたと言う。7月4日（月）夜に、そのFAXが我が家に届いた。年齢は80才を越えていた。FAXの文章からヒーリングを必要としている部分は、副腎、内耳（難聴他）、脳下垂体、他である。チャクラは3ヶ所が壊れていた。この人、よく生きていられるな~という感じである。

「そろそろ、神様の元へ帰る支度をしなければなりませんネー」と言ってヒーリングを断ろうと思った。しかし、念のため、この方の親神様がどのように考えているか聞いておくべき、と考え直した。神様を調べると「火明りの命」であった。そこで、火明りの命に札幌の患者さんについて、ヒーリングすべきかどうか質問した。答えはなかった。

7月5日（火）、一日をかけて、札幌の患者さんのヒーリングをすべきかどうか迷った。夜に、火明りの命に、この方のヒーリングに関して、

「私の魂がヒーリングに行くが、立ち会ってくれるか」と質問したところ、「立ち会う」という答えが返ってきた。そこで、私の魂が5日の深夜から翌日未明にかけて、札幌に飛び、ヒーリングを行なった。さらに7月23日、札幌へ講演会に行ったとき、実際にこの患者さんに会って、人間のヒーラーとしてのヒーリングを行なった。火明りの命の感想は、またしても、

「奇跡を見ているようだった」ということであった。

8月21日の掛川講演会の話に戻る。

北海道のQBさんが後の方の席に座っていた。7月の札幌講演会のときにも、QBさんは後ろの方の席に座っていた。講演会参加者全員を認識できそうな位置である。講師が話をしている間も小休止のときも、声を発しない人であった。講演会が終わって、私はすぐに東京へ戻った。

8月22日（月）午前中、青森から来た御夫婦のヒーリングを行ない、午後は東京在住の男性のヒーリングを行なった。翌日、予定通り帰宅した。

その頃、国之床立地神が火の神三兄弟のところに行って、「神霊界のヒーラーを養成すべき」であることを説いた。このとき、大阪の住吉大社にはすでに40人を超える神霊界ヒーラーが存在し、日本全国のみならず外国でも活躍するようになっていた。

そこで、火明りの命、火すせりの命、火火出見命はそれぞれの神霊界に働きかけてヒーラー志願者を募集し始めた。

この後、9月10日（土）未明に、私の魂（ＫＹ２）が火明りの命に呼び出された。このとき、御柱神はエリザベス女王の国葬に出席するためイギリスへ飛んだ。日本に残ったＫＹ２が愛知県の真清田神社に行くと、火の神三兄弟が待っていた。そこに神霊界のヒーラー志願者が10人、全国から集められていた。

火明りの命の分魂　２人
火火出見命の分魂　３人

火すせりの命の分魂　5人

ＫＹ２はこの方々に神霊ヒーリング技術を教えることを依頼された。そこでさっそく教師を始めた。

第１回目の勉強会は10日午前中まで続き、昼少し前に一旦小休止とした。２回目はこの日の夜からとなった。この夜、ヒーラー志願者が増えていた。火明りの命と火火出見命とが各１人ずつ増員してきたのである。

２回目の勉強会は、11日の未明に終わった。

３回目の勉強会は、実際の人間をＫＹ２がヒーリングするところを12名が見学することになった。その患者の魂は、「火すせりの命」の分魂であった。

ヒーリングは９月11日（日）昼からとした。この人は腎臓を患《わずら》っていた。このヒーリングは12日（月）未明まで続いた。その９月12日午前９時過ぎ、青森から電話が入った。その人は前月の22日に東京でヒーリングした御夫婦の夫である。

「妻の容態が昨夜から悪化しており、右半身の痛みが続いています」と言う。そこでＫＹ２がヒーリングに行くことになった。ＫＹ２は真清田神社で休んでいた12人の志願者に連絡した。すると、12人が青森のヒーリングを見学することになり、これが4回目の勉強会となった。この患者は火の神三兄弟と別の神様の系統であったが、ヒーリングの見学をその魂に許可していただいた。

青森の患者のところに飛ぶと、患部は小脳にあることが分かった。全身の神経が発するところである。12人のヒーラー志願者は、奇しくも脳内の神経をヒーリングで治す現場を見学することになった。午後9時頃にヒーリングを終えた。

第三章　ヒーラー５００人体制へ

三ノ一　ヒーラーの条件

多くの読者から、「池田さんはどうして神様と話ができるんですか」と質問がくる。「この世に生まれる出る前から神様と話をしていました」というのが私の答えである。魂は、常に神様とテレパシーで会話をしている。つまり、何事か修行をした結果、神様と話ができるようになったのではなく、生まれつきの性格というしか表現しようがなかった。読者への応答はここで途切れた。

バーバラ・アン・ブレナン博士も子供の頃から聖霊と話をしていたことが、彼女の文献から分かる。神様と話をすることについて、そこにどのようなメカニズムがあるのか私にはさっぱり分からなかった。

神様が、「くによしはどうして神々と話ができるんだろうか。ワシらが話をしていることがくによしには聞こえているようだ。どうしてこんなことがあるんだろうか」と不思議に思っている。神々でさえ、そのメカニズムが分かっていないようだ。ノストラダムスが生きていた頃、彼も神の姿を見、その神と話をしていた。その話は「預言書」という形で世に残っている。

２０２２年2月に明窓出版から『天使の癒やし』が出版された直後から、ヒーラー志願者の読者から質問が相次いだ。「神様と話ができません。ヒーラーにはなれないのでしょうか」と。

神様は人間に声をかけないのが神界の大原則である。人間は人間社会の中で自由に生きることを保証するためである。従って「神様と話ができる」ことがヒーラーの要件ではない。

「神様と話ができなくてもヒーラーになれる」

魂はその宿っている人の要望を受けて、何事にせよ親神に相談している。問題の解決策は朝目覚めると分かる。そんなもんである。大問題なのは、人間が魂の性能を知らないことにある。人間がヒーラーになろうとすると、その人の魂もヒーラーとしての勉強を始めるものである。

私が神様と話ができるのは、私に宿っている魂に何か特殊な機能が付いているのかもしれない。その機能は、創造主が造った「人間として生きている間も神と話ができる、ある種の装置」のように思える。私の魂はそのメカニズムを知っているはずであるが、肉体を持ったままの表面意識に説明が困難であると考えられる。

魂は人のオーラのことであると何度も書いているが、そのオーラは7層で構成されている。その外側には人間には察知できない層があるのかもしれない。そこに「魂と人間、あるいは神と人間とが話をすることができるメカニズム」があるのかもしれない。


この文章をメモに書いて、机の上に置いておいた。この日、いつものように外が暗くなる頃床につくと、私の魂が、

「さっき書いた文に、間違い有り」と言う。

「どこか」と聞き返すと、

「創造主は、第7層に神と話ができる機能を取り付けた」と言う。

「そういうことだったのか」と私は思った。ついでに、私の魂に質問してみた。

「ヒーリングの能力はどこにあるのか」と。すると私の魂は、

「第7層」と答えた。何と、ヒーリングの能力はオーラの第7層に備わっているというのである。びっくり仰天である。魂との対話が続く。

「オーラの第7層にヒーリング能力を持たせることは、後天的に可能か」と私は質問

した。つまり、人として生まれた後に、オーラにヒーリング能力を付与することが可能かという質問である。魂の答えは、
「可能」であった。つまり、人として生まれる前に、つまり魂だけになっているとき、ヒーリング能力を持っていなくとも問題ないということになる。すると、
「ヒーラーになれるかどうかは、その人の魂しだい」ということになる。

次に、ヒーラー志願者は「実施訓練」の時期に入る。その指導者は、「ヒーリングの神様」である。人に非ずである。1人の患者のヒーリングが終わると、次の患者が用意される。その患者は、最初の患者より病状がよりむずかしいこと態になっている。こうして、次々によりむずかしい病気をヒーリングする訓練が繰り返される。

さらに、ヒーラー志願者の魂は、オーラの第5層にある人体の設計図を観る訓練に入る。このとき、魂は「ヒーラー志願者」の肉体から出て（幽体離脱して）霊界（または神界）における修行をする。霊界における修行とは、魂だけになっている存在たちが神霊界の専業ヒーラーになっていく教育課程と同様の勉強をするという意味である。

表面意識としての私が書けることは、このあたりまでのことである。人間がヒーラーになるということは、これほど大変なことである。ヒーラーになることを諦めることは早い方が良い。

参考までに、かつてブレナン博士が言っていたことを記す。ブレナン博士はヒーラー養成のために学校を経営していた。バーバラ・ブレナン・スクール・オブ・ヒーリングといい、略してBBSHと書く。BBSHには世界中からヒーラーを目指す人々が毎年入学していた。そのコースは4年制である。仮に1クラス百人の生徒が居たとして、4年目に卒業できたのは5～6人だそうだ。しかし、卒業できた人に対して、「あなたが患者を治せるという保証はない」と言っていた。

つまり、BBSHの卒業証書がヒーリングしているのではない。その人の魂やその親神（守護神）がヒーリングするのである。そのことについては『光の手』の第1章に書かれてある。生徒さんたちはそのことに気づいただろうか。

私はBBSHの卒業生ではなく、その前にBBSHの生徒でもない。2008年の1

月と2月に『光の手』を徹底的に読んだ。その年のことは拙著『光のシャワー』に書いておいた通りである。その後、すぐにヒーラーとしての仕事に入っていった。そのとき、ヒーリングの指導をしてくれたのは「しなつひこの神」で、人間の指導者は居なかった。2008年の前も、その後も、私は気功もしていないし、ヒーリングの団体にも入っていないし、霊気ヒーリング等もしていない。私が『光の手』を読み始めると、私の守護神大国主命《おおくにぬしのみこと》がしなつひこの神に連絡を始めた。

「くによしがヒーリングの勉強を始めたので、指導に入ってほしい」と。

「どうしようか〜」としなつひこの神が言った。

守護神が日本の神社に祀られている人は良いが、守護神が地球に居ない人が多く存在している。

ETの魂、つまり宇宙人の魂を持っている人たちが、地球人には大変多い。それは地球の歴史が始まって以来、地球人は宇宙から来た人々によって構成されてきたからである。その源流はシリウス星人、プレアデス星人、オリオン星人、ティアウーバ星人、クラリオン星人他である。この内、ティアウーバ星人の守護神は臼井甕男先生、クラリオン星人の守護神は妙見様である。

シリウス星人、プレアデス星人、オリオン星人等の守護神は地球にはいない。時々、地球を訪れ、人々を観察しているが。


イギリスの科学者に故スティーブ・ホーキンス博士がいた。彼は若い頃からALSに罹《かか》り、それが元で亡くなった。ALSは筋肉の力が無くなる病気で難病の一つである。博士の魂はゲルマン民族（ドイツ人）で、亡くなった後はヨーロッパ大陸の霊界に戻っていた。そのヨーロッパにおける神霊界の最高神は「アポロン」である。

ホーキンス博士の魂はアポロンの神霊界に入った後、自分が罹ったALSという難病の原因を研究し続けていた。その結果、ALSを治すヒーリング技術を確立した。アポロン率いる「神霊界のヒーラーチーム」の一員となった。

2022年秋、ホーキンス博士の魂はアポロンたち、ヨーロッパの神々と共にエリザベス女王の国葬に列席していた。そのとき、御柱神もその国葬に参加していた。アポロンといっしょに来ていた方々の中に、御柱神がかつて見たことのなかった魂がいるのを発見し、挨拶すると、「スティーブ・ホーキンス」と名乗ったので、何のことか分かった。

これは9月19日のことである。ヨーロッパでもALSを治せるヒーラーが出現していた。
以下は日本でのでき事である。

8月15日（月）、札幌からFAXが入った。ヒーリングの申し込みである。これまでに面識がない60才の男性である。

FAXに病状が詳しく書かれているが、医師の診断ではALSらしい。この夜、我が魂KY2が札幌に飛んだ。患者の様子を見ると、第6チャクラBと第7チャクラが壊れていた。明らかに脳機能が壊れていると分かる。そこでまず、この2つのチャクラを修繕した。次に脳の内部をチェックした。すると、左右大脳の細胞（ニューロン）がアチコチ壊れていた。そこで、ニューロンの再生医療を行なった。これがALSのヒーリング手法である。

この患者さんは札幌のQBさんの友人であるが、7月24日の講演会には参加していなかった。後にQBさんから、講演会のことやヒーリングの話を聞いたらしい。QBさんは8月に入ってもなお、チャクラヒーリング、オーラヒーリング等について周囲の方々に知らせていたことが分かった。

「昨日、病院に行ったところ、医者が、ALSではないかもしれないと言い始めた。念のため6ヶ月から1年、経過を見たいと言っている」と。

この後、この患者さんは「やっと」私の本を読み始め、日本に祀られている神々のことを知り、その神様の中には人間の病気に対して神霊手術を行なう神も居ることを知った。

この患者さんのそばにQBさんが居たのでこの人は助かったが、QBさんのような存在が日本中に居るわけではない。このALSの患者にとっては、「奇跡」である。

10月20日（木）、沖縄からFAXが一通送られてきた。ヒーリングの依頼である。そのFAXの前には何らの連絡もなく、初めてのことであった。患者は40代前半の女性である。ヒーリングの仕事を受けても良いかどうか、さっそくこの方の魂を調べると、ヨーロッパ民族の神の分魂で、その神はドイツ民族の神であった。ゲルマン民族である。

沖縄の人の中に、ゲルマン民族の守護神の分魂の人が居る、ということを初めて知った。しかし、その守護神はドイツに居るはずで、日本に祀られている神に守護を依頼している様子がなかった。仮にこの患者さんの名前をAMとしておく。AMのヒーリングを請け負うかどうか、答えはペンディングの事態になった。

この日は年に一度の「出雲における神々の会議」の初日に当たり、私の魂は天之御柱神といっしょに出雲に居た。この年の「会議の当番」の神は、国之床立地神であった。AMのヒーリング申し込みの件は、私の魂が国之床立地神に伝えた。すると国之床立地神は、

「とりあえず仮親ということでヒーリングを引き受ける」と言った。同時に国之床立地神はドイツの守護神にこの件を伝えた。


すると、10月28日（金）夜にドイツの守護神が来日し、AMの様子を見た。その後、出雲に立ち寄った。そのとき、ドイツの守護神は私の魂にAMのヒーリングを依頼した。ヨーロッパのヒーリングチームに所属している、故スティブ・ホーキンス博士から「魂だけになっている存在が、生きている人間の病気治療をする技術がある」ことについて聞いていたドイツの守護神は、AMのヒーリング依頼を私の魂に頼んだ。

このドイツの守護神は10月29日（土）の一日中、出雲に居て、日本に祀られている神々と交流していた。

10月31日（月）、出雲における神々の会議が終わり、私の魂は出雲での仕事が終わった。そこでさっそく、沖縄に飛び、AMのヒーリングを開始した。彼女からのFAXには、「左側仙骨部の痛み、下肢のしびれ、足のつけ根、骨盤の痛み有り」と書かれていた。

11月1日（火）午前0時、AMの訴えている体の部分を見ると、神経がアチコチ傷ついていた。その部分は骨の中を通っている部分であった。そこで、私の魂はAMの神経を治した。この作業は朝まで続いた。

この日の午後に、AMと電話で話すことができた。私の魂がヒーリングしたことを伝えると、

「今日は朝から、アチコチ出かけていましたが、足腰の痛みが消え、よく歩けました」

と言った。

三ノ二　2022年出雲での神々の会議

例年のように、2022年10月20日から10月31日まで、日本に祀られている神々が出雲に集まり、年に一度の会議が行なわれた。この年、他星からはティアウーバ星のタオラさんがゲストとして日本にお見えになっていた。この会議が始まる直前、神霊界のヒーリング専門官は230人に達していた。各神社に所属している方々の内訳は以下のようである。

出雲大社　33人（吉田首相含む）
春日大社　37人（道臣命含む）
多賀大社　40人（福沢輪吉含む）
住吉大社　47人
浅間大社　13人（安保徹含む）
北海道神宮　13人
秩父神社　8人

白山神社　8人（仲哀天皇含む）
臼井先生　10人
真清田《ますみた》神社　21人

前年同期には41人いたヒーリング専門官は、1年で189人増えた勘定になる。しかし、41人の内6人は人間界に輪廻転生している。従ってこの1年間に増えたヒーリング専門官は195人である。

会議では、次の年の同時期までに500人のヒーリング体制を構築することが決議された。230人ではまだ少ないと神々は考えていたことになる。

ヒーラーの500人体制だと、1日当たり3000人ほどの人間をヒーリングできることになる。人数のことだけでなく、これまでヒーリングを体験してきたメンバーには、さらに高度なヒーリング技術を学ぶことが決議された。

さらに、外国の神霊界にヒーリング技術を教え、外国のヒーラーの数を増やすことも決議された。この外国とは、ヨーロッパ、イギリス、北アメリカ、オーストラリア等のことである。共産主義国にはヒーリング技術がまだ伝わっていない。

「ヒーラー500人体制」が決議されると、出雲の霊界に属しているある魂の1人がさっそく手を上げた、と私の魂（KY2）が言ってきた。KY2はこのとき、天之御柱神のお手伝いのため出雲の会議に出席していた。

出雲の会議が終わった後、11月9日（水）未明、私はまだ寝ていたとき、知った人の写真が見えた。それが写真であることは背景からすぐ分かった。その写真は『あしたの世界　P2』（明窓出版刊）の122頁に載せたもので、そこに写っているのはオスカー・マゴッチというカナダ人である。『あしたの世界　P2』はすでに絶版になっている。オスカー・マゴッチの著書は明窓出版から『宇宙船操縦記』パート1と2の2冊として出版されている。「オスカー・マゴッチの身の上に何か起こったのかな」と私は思った。

「マゴッチは今、出雲の霊界に居る」と魂が伝えてきた。

「マゴッチが亡くなって、その魂が今、出雲に来ているんだな」と分かった。

「マゴッチは2018年に亡くなって、すぐに出雲に来た」と私の魂が伝えてきた。

「4年前に亡くなっていたのか、知らなかったよ」と私。

「そのとき、マゴッチはいくつだったんだろう」と私は思った。すると、

「79才だった」と私の魂。

「今、生きていたら、83才になるのか、私より8才年上だったのかー」と私は思った。

それにしても、カナダ人として生きたマゴッチの魂が亡くなってすぐに出雲の霊界に入るとはどういうことなのだろう。カナダ人の霊界に入るのが普通のことであろうに。

窓の外が白んできた。起きなければならない時間である。朝食の準備をしている間もマゴッチのことが気になる。

オスカー・マゴッチは、今生で13回目の人生であった。最初の人生は今から900年ほど前で中国で生まれ、輪廻転生は中国が多かったが、前回はカナダで生まれたという。マゴッチが亡くなったとき、大国主命がその魂を迎えに行った。すると、何の抵抗も無く、大国主命に付いて出雲の霊界に入った。マゴッチの魂は大国主命の存在を知っていた。

今、マゴッチの魂は出雲の霊界の中にある「大人の世界」に属している。出雲の霊界に入ってから私の本を読み、さらにバーバラ・アン・ブレナン著『光の手』の原著を読んだ。そして、神霊界のヒーリング技術に大変興味を覚えた、と私の魂が伝えてきた。

オスカー・マゴッチの魂は大国主命の兄弟神の分魂である。しかし、このときまでに大国主命の波動に変わっていた。つまり、マゴッチの魂は出雲に居た4年間に大国主命の波動修正を受けて、その分魂になっていた。

11月10日（木）未明、マゴッチが「ヒーラーになりたい」と私の魂に告げた。そのとき、私の魂が「他にもヒーラー志願者がいるので勉強会の準備をしているところだ」と言った。その勉強会は11月12日（土）の昼から出雲の会議場で行なう予定らしい。ヒーラー５００人体制が決議されてから最初の勉強会である。その講師はＫＹ２が務めることになった。

11月12日（土）、私の魂は午前中に出雲の霊界に入った。大国主命に特別の許可をいただき、マゴッチと積もる話をするためである。

昼から勉強会が始まった。ヒーラー志願者はオスカー・マゴッチを含めて29人が集まっていた。各大社ごとの参加者は次のようであった。

出雲大社　３人（マゴッチ含む）
春日大社　４人
多賀大社　５人
住吉大社　５人
北海道神宮　３人（大国御魂の分魂）
真清田神社　５人
川上神社　４人

勉強会は、午後3時に終わった。講義内容は、「神霊界の存在が生きている人間の病気を治せるのはどのような技術か」という話で、ヒーリングの序論である。実際のヒーリング技術は、先行しているヒーラーに付いて学んでいくことになる。この「ヒーリング序論」では、
①壊れているチャクラの修繕手法
②壊れているオーラの修繕方法
を主体とした。この後、ヒーラー志願者29人は各々の神社に戻り、ヒーリング・チー

ムの一員となっていった。

11月14日（月）、ＫＹ2から連絡が入った。オスカー・マゴッチはすばらしくヒーリングが上手で、ヒーリング・チームの先輩たちがびっくりしている、と。

次に、ＫＹ2から別の情報が入ってきた。

「北海道神宮のヒーリングチームに、新人のヒーラー3人が入会すると、先輩のヒーラー3人がヒーリングチームから下りた」と言う。その理由は輪廻転生の時期が来た、つまり人間として生まれ変わるためであった。

その結果、神霊界のヒーラーは全体として２５６人となった。「ヒーラー５００人体制」を作り上げるためには、毎月23人以上のヒーラー志願者を募らないとならない計算になるが、その度にＫＹ2が毎月1回、新人たちのために勉強会の講師を務めることになるのかな、と思っていると、私の魂が反応した。

「各大社のヒーリングチームの責任者が新人の教育をできそうなので、毎回、自分が講師を務める必要は無くなりそうだ」と。話はさらに続いた。

「天之御柱神が教育係に就く時期が近づいている。ロシア軍がウクライナから撤退を始めているから。そうなるとクニヨシの体に戻れるかも」と。

11月15日（火）、ＫＹ２から連絡が入った。天照系の魂の人が神霊界のヒーラーに仲間入りしようと勉強を始めたと。

「どなただろうか」と思っていると、

「村上和雄教授」とＫＹ２が言った。村上先生は筑波大学名誉教授だった方で、２０２１年４月に亡くなっている。そのとき85才であった。亡くなったその日、親神のたぎり姫神が村上先生の魂を迎えに行った。たぎり姫神は宗像大社の祭神で、天照皇大御神の分神にして長女である。「天照系の魂の人」とＫＹ２が言ってきたのはこのためである。

たぎり姫神といっしょに出雲大社に入った村上先生は、「亡くなったこととの手続きを行なった」。

ここで通常、出雲の霊界に入り、今生の浄化の過程に入るのであるが、大国主命は村上先生をたぎり姫神に預けた。つまり、「出雲の霊界で再教育の必要なし」ということなのである。そのとき、天照皇大御神が出雲に現れ、

「ワシのところで」と言った。つまり、伊勢神宮の内宮へ連れていくということである。通常、魂は親神の元へ帰り、そこで神業に入るのであるが、村上先生はその過程を省略して、いきなり伊勢入りしたのである。

村上先生は、今からおよそ３３００年ほど前に初めて人となった。以後、35回ほどの人生を体験している。つまり、霊界の仕組を知っていたので、「出雲の霊界で勉強することは何も無くなっていた」ということなのである。

また、「宗像大社へ帰り、そこでたぎり姫神の神業を手伝う」ことの必要性も無くなっていたという次第であった。村上先生は、亡くなった日の翌日、伊勢神宮の内宮で神業を開始した。そのとき、天照皇大御神が村上先生に声をかけた。

「サムシング・グレートに会わせようか」と。すると、天之御柱神が、

「今、ちょっと忙しいので、後にしてくれ」と言った。その後、天之御柱神と、村上先生が出会う機会は無くなった。

「サムシング・グレート」とは村上先生が発明した言葉で、直訳すると、「何か分からないが偉大なる存在」という意味で、村上先生としては「人類を造った偉大なる神」と言いたかったところである。しかし今時の科学界では「神」という言葉をいうと、「バカ」

にされるので、「サムシング・グレート」という表現を考えだしたのが村上先生であった。

私はその村上先生の自宅に毎回、私の本を送り続けていた。その拙著の中に、「人類を造った神は天之御柱神である」と書いておいた。伊勢神宮の内宮勤めが始まってから約1年半後、村上先生はヒーリングについて勉強すべきと思い至ったようである。そのとき、天照皇大御神はヒーリングについて書いた私の本を、「ドサッ」と村上先生の下に置いた。その本は私が村上先生に送った本であったが、村上先生はもう一度、それらを読み返した。さらに邦訳された『光の手』を取り寄せて読み始めた。

11月22日（火）、土の神がKY2にヒーリングの依頼をしてきた。患者はすでに亡くなり、魂は出雲の霊界にあって今生の浄化を行なっている最中の人であった。その人は宮城まり子さんだった。魂の浄化をする専門官が出雲に居て、その方はハリー・エドワードである。その専門官が、なぜ宮城まり子さんのヒーリングをできないのか、KY2はハリー・エドワードに尋ねた。ハリー・エドワードについては『癒やしの道』第二章三節に詳述しておいた。

「手に負えないのだ。この人の悲しみがあまりにも強くて、どうにもならない」とハリーは言った。さらに続けて、

「この悲しみは『ねむの木学園』を創設したことに関係しており、そこに集まった生徒さんたちに何もしてあげられなかった後悔が元になっている」と言う。

「ねむの木学園」事件については、前著『天使の癒やし』133頁以下に記した。また、生徒さんたちのヒーリング（脳細胞の構造等）については、2021年9月26日から天之御柱神たちによって実行されていった。宮城まり子さんはそのヒーリングを見学し、神々の世界には様々なヒーリング技術があることを知った。

「生前にこうしたことを知っていれば学園を作る必要はなかった」と後悔に嘖《さいな》まれていた。そこでKY2が宮城まり子さんの魂をヒーリングすることになった。

土の神様立ち会いの元で、KY2は宮城まり子さんのオーラ第4層のヒーリングに入った。魂が人間を体験すると、その記録はオーラの第4層に蓄えられる。つまり、人間の記憶は脳の細胞の中に蓄えられるのではなく、魂の中に蓄えられるのである。

KY2は宮城まり子さんのオーラ第4層にある「不都合な部分」のみを、その記録の

中から消した。ただし「ねむの木学園を創立した」という事実は消さずにしておいた。このヒーリングは11月23日（水）の午前0時から始め、午前9時頃に終わった。

この日は、御柱神の別荘で会議が予定されていた。ＫＹ２は出雲での仕事を終わってすぐに別荘に戻った。オーストラリアの神霊界でヒーラー希望者が29人に達していた。この方々の最初の勉強会には、御柱神が講師として行くことになった。勉強会の日は11月27日（日）と決まった。

11月27日、御柱神はオーストラリアでヒーリング理論を志願者たちに教えるだけでなく、実際の人間の患者をヒーリングする場面を皆に見学させた。日本に戻ったのは28日（月）夜となった。

三ノ三　オーラ　第４層のヒーリング

２０２２年11月29日（火）、宮城まり子さんの魂がＫＹ２に連絡してきた。「治りました〜」と。そこでKY2は出雲の霊界に飛ぶと、そこに快活で明るくなった彼女が居た。

大国主命がKY2に声をかけてきた。「ヒーリングがうまいね」と言う。オーラの第4層にある記憶の内、浄化の妨げになっている部分だけを消すというヒーリング技術に、大国主命が感心していた。人間の人生について魂の浄化を専門としている大国主命から誉められると、大変うれしい。その大国主命の話が続いた。

「ワシの魂の男で、亡くなってからだいぶ時間が経つが、いまだに人生について悲感的な考え方が抜けず、困っている。この男は一生を独身で過ごした。つまり結婚できなかったのだ。今生5回目の人生だったが。そこでくによしにヒーリングしてもらえないだろうか」と神が言う。そこでKY2はその日、その問題の人をヒーリングした。

この11月29日の時点で、宮城まり子さんは霊界における小学生レベルのグループに居た。「霊性がまだ低い」ことを物語っていた。結婚できなかった男も同じクラスに居た。

前節で書いた村上和雄先生は、出雲の霊界に入る必要が無いと大国主命が判断し、亡くなった翌日には伊勢の内宮に入っている。宮城まり子さんと村上先生との「霊性の差」は大きい。その差は人間を何度体験してきたか、その輪廻転生の長さにも関係している、と私には思える。

人間は、「生まれながらにして平等」でなければならない。しかしその人間に宿っている魂の輪廻転生の長さ、人生経験（過去生）によって、今生の生き方が他の人と変わってくる。同じ仕事をしていても、上手にできる人とうまくいかない人がいるのは、人生経験の差と考えられるところである。

話は11月23日（水）に戻る。この日、午前中に宮城まり子さんのヒーリングを終え、富士山麓の別荘に戻ったＫＹ２は、天之御柱神と会議を行なっていた。午後２時半頃、静岡の男性ヒーラーから我が家に電話がきた。

「妻が３日ほど前から体調が悪く、起きられない」と。この年の11月、静岡は寒暖差が激しく、このようなときは誰でも体調を崩すものではある。

「具合が悪いと言っている体の部分の上20センチくらいのところから手を翳して下さい。ヒーリングパワーを送るのではなく、診断のためです」と私は言って、いったん電話を切った。

「会議をやっている場合じゃないぞ。静岡のヒーラーが体調を崩して困っているぞ」と、私は富士別荘にいるKY2に連絡した。すると、会議に参加していたメンバー全員がヒーラーの家に移った。ヒーリングは天之御柱神が行なうことになった。そこで私は静岡の家に電話を入れた。

「天之御柱神がこれからヒーリングをするので、奥さんのそばから離れて、少し距離をおいてくれ」と。電話を切ると、さっそくKY2が私に連絡してきた。

「彼女の魂がヘトヘトに疲れている。原因は、幽体離脱した魂がヒーリングについて患者の親神や守護神との意見調整をすることに疲れてしまった」と。彼女は夫と共にヒーリングをしているのである。

「それで御柱神はどういうヒーリングをするのか」と私はKY2に尋ねた。すると、

「第7層のオーラを強化している」とKY2が答えた。

「オーラを強化するとはどういう技術か」

「高次の波動修正」とKY2が答えた。しばらくして、「終わった」とKY2が言った。そこで静岡に私から電話を入れた。すると、彼女（患者の方）が電話に出て、

「御柱神のヒーリングがものすごく早くて『あっ』という間に終わっちゃいました。

すぐ元気になりました」といつもの声の調子で答えた。

「あなたの魂がヘトヘトに疲れていたようです。ヒーリングをしてきた患者の親神や守護神と患者との間に入って、コミュニケーションしている間に疲れ切ったようです。御柱神のヒーリングは第7層のオーラの強化でした」と私は説明した。この後、御柱神とKY2たちは再び富士別荘に戻った。オーストラリアの神から連絡が入っていたからである。オーストラリアの神によると、

「ヒーリング志願の魂たちを集めたので、研修会をしてほしい」という話であった。その数は30人ほどになっているとのことである。そこでオーストラリアにおける研修会は11月27日（日曜日）とし、講師は御柱神が直々に行なうことになった。KY2はその間、富士別荘で留守番をすることとした。

11月23日夕方に会議を終えたKY2は、さっそくヒーリングに出かけた。この日の目的は、「第7層のオーラを強化する必要がある患者のところへ行って、このヒーリングをすること」であった。病状がなかなか治らない患者が数人居て、これらの人々にはオーラ第7層を強化する必要がありそうだとKY2は思ったのである。そこで今

しがた憶えた御柱神の技術を、それらの患者たちに行なった。患者たちは北海道から沖縄まで各地に居た。この仕事は25日（金）まで続いた。

11月26日（土）、KY2が別荘に戻ると、御柱神から指示があった。「オーストラリアで急患が出ているので、すぐにヒーリングに行ってくれ」と。KY2は直ちにオーストラリアに飛び、この日の夕方に別荘に戻った。

11月27日、オーストラリアにヒーラーたちの講師を務めに行った御柱神は、ヒーリングの理論だけでなく、実際の病人をヒーリングしている場面をヒーラー志願者たちに見学させ、日本に戻ったのは28日（月）の夜であった。

10月下旬の出雲における神々の会議で決まった事頃、「外国の神霊界ヒーラーの数を増やす」件が実行に移されていった。

12月1日（木）、御柱神は鹿児島県に行き、御自身の御魂の20才の男をヒーリングした。患者はオーラ第5層の人体設計図を壊していた。その原因となった事件は、この人の中学生時代に起こっていた。仲の良かった同級生が家族にいじめられ性格が急変した。それにショックを受け、自身の性格も壊れていった。そのショックは人体の設計図を壊し、やがて肉体に及んでいった。高校を終わって就職しようとしたところ、歪んだ体つき由に仕事に就くことができず、26才になっていた。

これは後天的なケースであるが、先天的に人体の設計図が正常でないケースもある。生まれつき、五体満足でないこともある。

オーラ・ヒーリングと一言で言っても、そのヒーリングの仕方は多岐にわたる。患者の症状を見て、オーラのどの層が関係しているかを研究し、どの層をどのようにヒーリングするかを決めていくことになる。この仕事は人間側のヒーラーの魂が行なうか、あるいは神霊界のヒーラー専門官や神自身が行なう。人間のヒーラーの表面意識（小我）ではできない仕事である。

三ノ四　異次元の少子化対策

２０２２年12月1日（木）午後、東京在住の女性実業家（50才代後半）と電話で話をしていた。用件が終わったところで彼女が、

「最近、顔がひきつって困っているんですが、ヒーリングで何とかなりますか？」

と言う。そこで私は、

「すぐ始めます」と答えて電話を終えた。ＫＹ２がヒーリングを開始すると、その原因は「マスクの着用」にあると分かった。彼女にとっては化粧の敵だったのである。

東京の生活では電車（地下鉄を含む）が非常に便利で、車（自家用車）を自宅には置かない。電車はいつも混んでいて、マスクを着けていないと乗れない。ほんの数駅、電車に乗ってもマスクを着けざるを得ない。マスクを着けたり外《はず》したりする度に化粧を気にしていると、これがイライラの原因になり、頭の中にイライラの気泡が溜まってくる。その内、「顔がひきつる」ようになってきた。

ＫＹ２は彼女の頭の中に手を入れ、「イライラの気泡」を集めて頭の外に放出させた。このヒーリングは数分で終わり、ＫＹ２は再び富士の別荘に戻った。すると、そ

こに御柱神が待っていた。

「サウスカロライナ州（アメリカ）に住む自分の御魂の男が、心筋梗塞で倒れた。くによしにヒーリングを頼みたい」と言う。そこで、御柱神の案内でKY2はサウスカロライナ州に飛んだ。その男性は、71才になる医師（内科医）であった。KY2は直ちにヒーリングを開始した。御柱神は3万メートル上空に居る宇宙船に戻った。ロシア・ウクライナ情勢を見守るためである。

心筋梗塞のヒーリングは翌日12月2日（金）午前中まで行ない、KY2が日本に戻ったのは2日昼頃であった。


12月3日（土）昼過ぎ、別荘に火火出見命が訪れた。

「栃木県に住んでいる自分の御魂の女性が結婚できなくて困っている。ヒーリングしてほしい」とKY2に言った。火火出見の案内で現地に飛ぶと、患者は30代前半の女性であった。男性に恐怖心を持っていた。そこでこの患者のオーラ第4層にある「不都合な記憶」を消した。このヒーリングの現場に真清田神社（愛知県一宮市）のヒーラーが3人立ち会って、オーラの第4層のヒーリングの仕方を勉強した。

10月下旬に出雲の霊界に居る2人の魂をヒーリングした件、「一生結婚できなかった女性と男性とのヒーリング」は「あっ」という間に各神社の存在たちに伝わっていた。そこで、火火出見命はこのヒーリング技術を生きている人間に施すことを考えた。このヒーリングを終えたKY2は、富士別荘に戻った。

神々は、「異次元の少子化対策」を始めたのかなと思える事態である。まず結婚できない男・女を結婚できる心理状態にしていく。結婚できない心理状態をオーラの第4層に見つけ出し、これを消す。

「私は結婚できない女ではなく、結婚しない女なの」と言う女性には、その彼女の意志を尊重し、その人生に介入しないようにする。

結婚できない理由がその人の肉体上の問題にある場合は、その肉体上の問題をヒーリング技術によって治す。ただし、この問題は第2チャクラが正常になっていない場合が多く、従って第2チャクラを正常化することによって実現できる。

第2チャクラが正常で、肉体上の問題も無い人が子供を作れない場合がある。これは、その人の魂が子供を作らない人生を計画して今生を過ごしていることによる場合が多い。この場合は、その魂の親神がその魂にしっかり、子供を作るべき理由を教えることをしなくてはならない。親神による説得ということである。

結婚できない男・女の魂には、今生初めて人間を体験している方が多い。「人間になるということはどういう事態か」あるいは「人間社会とはどういうことか」を勉強しているところである。結婚して家庭を作る手前の問題で勉強中なのである。

現代はこうした若い魂を持った人々が非常に多い。「結婚しない」男・女が非常に多いのである。ここに少子化社会になっている重要な原因がある。今、どうしてこのような事態になっているのか。

団塊の世代は輪廻転生が長い魂、つまり人生経験をたくさん体験している魂が大変多い。なぜか。

第2次世界大戦によって失われた社会を建て直さないとならなかったからである。その結果、霊界に「人間を多く体験している魂が少なくなった」ので、現代には初めて人間を体験する魂を神々が創り、人間界に送り込んだ。このような若い魂たちを結婚させることについては、その親神たちによる魂への説得が重要になる。

こういった若い人々の結婚が増え、子供たちが多く生まれるようになると、その子供たちの魂は「若い魂」の方々が多くなると考えられる。そもそも、人間を初めて体験している魂の間に生まれてくる子供たちもまた、初めて人間を体験する魂、というケースが多くなるであろう。

そう考えると、人間社会における少子化対策は、ほんとうに必要なことなのであろうか。ＡＩの技術が進み、数々の機械化が進んでいる今日において、人口減少は通常のでき事なのではなかろうか。ただし、全世界的には人口は増え続けており、80億人を超えているのだが。

人口が増え、人が多い地域、例えばアフリカやインド等から、魂に日本に来てもらう手法がある。現に今、日本人として生まれている人々の中には、その魂がアフリカやインド等出身の方々が多くなっている。

人になることに慣れている魂であっても、初めて日本人になった魂の中には、日本の生活スタイルになかなか慣れない人々が多い。6・3・3制の学業スタイルもその一つで、学校に行くことがむずかしい魂も居る。結婚に至らない男・女も居る。少子化対策は非常に困難と思える。従って「少子化」を前提にして、今後の社会の在り方を考えた方が良いのではないかと思える。

右の件は国会・政府が行なう「少子化対策」について異議を述べているのではない。神霊界は、考えられる少子化対策を２０２２年秋から始めているということなのである。

２０２２年12月22日（木）、御柱神がプレアデス星人の惑星から多数のヒーラー（神霊界の存在）を地球に連れてきた。さらに、このヒーラーたちの基地（宇宙船）をヨーロッパの上空に定めた。

ここでいうプレアデス星人の惑星は、我々が属している天之川系銀河内にあり、ティアウーバ星とも近いところに有る。ゲルマン民族にしろ、アングロ・サクソン民族にしろ、ヨーロッパの白人種の大元はプレアデス星人なので、そのヒーラーたちの拠点をヨーロッパ上空にしたのは、極自然のことのように思える。

日本にも、プレアデス星人の魂を持つ人々がたくさん住んでいる。しかし、プレアデスのヒーラーを日本に置くことはしていない。日本の神社に祀られている神々が、彼らの守護をしているからである。ただし、プレアデス星人の魂を持っている日本人の全てを、日本の神々が守護しているわけではない。

ヨーロッパの守護神はアポロンであるが、プレアデスのヒーラーたちはアポロンの配下に入ったわけではなく、むしろアポロンたちとは独立したヒーリングチームである。しかし、このチームは、アポロンたちと協力関係をとることになった。

これ以降、KY2たちがヨーロッパに住んでいる人々のヒーリングに出張することが少なくなった。アメリカやオーストラリア等に出張することは残ったが。


この年の12月、御柱神はヒーリングについての日本国内の勉強会、あるいは研修会を、一度も開催しなかった。各神社のヒーリングチーム・リーダーが新規のヒーラー志願者（＝魂の存在）にヒーリング技術を教えていけるようになったからである。これに伴い、KY2がどこかの神社にヒーリング技術を教えに行くことも少なくなっていった。KY2は御柱神の別荘の番人をしている時間が長くなっていったが、私の体に戻ってくることは無かった。

KY1は私の魂の70％のエネルギー体であるが、神霊界のヒーラーになると、

「せっかく神の存在になったので、もう人間の肉体には戻りたくない」と言って、ついに我が家に帰ってくることは無くなっていった。ＫＹ２は私の魂の15％の存在であるが、ＫＹ１と同じ道筋を辿った。残りの魂は全体の15％であるが、その部分は「辛うじて」私の肉体を支えるために残ってくれた。

12月末に、神霊界のヒーラーは３０３人を数えた。このまま順調にヒーラーが育てば、２０２３年の10月には５００人体制ができ上がることは間違いないと思われる。年末のヒーラーたちだけの集まり、「忘年会」は彼らに任せ、ＫＹ２や御柱神はその会合には出席しなかった。

２０２３年元旦、ＫＹ１は御柱神から出た。前年の７月20日に御柱神に吸収されて以来、約６ヶ月が過ぎていた。その間、ヒーリングについての仕事はＫＹ２が行なっていたが、ＫＹ１と２とはこの日合流した。しかし、私の肉体に戻ってくることは無かった。合流した魂の居場所は、富士山麓の御柱神の別荘であった。この魂は私の魂全体の85％のエネルギー体であるので、ＫＹ85と書くことにする。

御柱神がＫＹ１をその神界から出した目的は、ＫＹ１が私の肉体に戻ることを期待したからに他ならない。ところが、ＫＹ１は断固として、御柱神の言うことを拒否した。それだけでなく、ＫＹ２もＫＹ１に合流し、共々に我が肉体に戻ることはなかった。私に残った15％のエネルギー体は、肉体を保持する役目を負わなくてはならなくなった。

数日後、御柱神はＫＹ85を宇宙船に入れた。御柱神の代理として、ウクライナ情勢を見守るためである。ＫＹ85は、人間のヒーラーとしての役割を外されたことになる。すると今度は、残った魂の半分が人間界のヒーラー役として幽体離脱し、神々の注文に応じるようになってしまった。

こうなると私は終日眠い状態で、原稿書きができなくなった。幽体離脱して神々の注文に応じる部分の魂を、ＫＹ３として表すことにする。ＫＹ３は全体エネルギーのわずか7．5％にすぎない。

第四章　増加する神霊界のヒーラー

四ノ一　２０２３年３月～５月

この稿は、２０２３年５月20日（土）から書き始めた。

御柱神が使っていた宇宙船は、３月初めに母星に帰っていった。その母星は、天之川系銀河内にあるプレアデス星人の住む惑星である。地球を去るにあたり、ＫＹ85と安保徹氏の魂がその宇宙船に入り、その母星へと向かった。目的は、優れた宇宙文明を勉強するためである。

安保氏の魂は、浅間大社で神霊界ヒーラーとなっていた。そのいきさつについては、前著『天使の癒やし』79頁に詳述した。

ＫＹ85に代わって、ＫＹ３が神々の注文に応じるようになった。その多くは相変わらずヒーリングの依頼や、神霊界のヒーラー志願者との面接等である。人間の魂のエネルギー、それも7．5％が生きている人間のヒーリングを行なっていることについて、水発《みつは》の神様が、大変びっくりして、

「こんなこと、あり得ないわよ」と言ってきた。大国御魂神《おおくにみたまのかみ》は、

「魂によっては、こんなこともあるんだな」と言っていた。

ヒーラー安保徹が宇宙船に乗り込み、他星へ出かけると、途端に木之花咲耶姫神様からのヒーリング依頼が増えていった。

「くによしはヒーリングがすごくうまいわね〜」と感心している。ここで言っているくによしとは、KY3のことである。KY1と2と同じだと神は言いたいのである。

そのKY3は、3月30日（木）夜から翌日未明までの、9人の神霊界ヒーラー志願者の教育研修会で講師を務めた。この9人の内、6人は北海道神宮に属しており、残りの3人は浅間大社所属の魂であった。

この時点で、神霊界ヒーラーは360人を少し超えた。

4月3日夜から翌日の早朝まで、いざな実神の御魂分けの存在9人にヒーリングの技術を講義した。この9人には、以前からヒーリングを行なっていたメンバーも含まれていた。この日以降、いざな実神のヒーリング専門官ができ、その本拠地を皇居内とした。このチームは、多賀大社のヒーリングチームとは別のチームになった。

大国主命様が、富士別荘に天之御柱神を尋ねて来た。用件は、

「ヒーラーが増えれば増えるほど、仕事が忙しくなってきて、いったいどうしたら

よいか」という相談事であった。御柱神はしばらく考えた後に、

「そのまま続けよ！」と返事をした。

このとき、御柱神は別のことを案じていた。他ならぬ私のことである。KY3が小さなエネルギーなのに、あまりにもヒーリングや講師で忙し過ぎていた。その対策についてである。

御柱神はその神界から1人の分身を出した。森鴎外である。この方はしなつひこの神の分魂で、1922年（大正11年）7月9日に亡くなった。このとき、輪廻転生は8100年に達しており、その後、人間に生まれることを止め、しなつひこの神に合流した。つまり神様になった。

森鴎外は文豪として名高いが、同時に軍医でもあった。彼はしなつひこの神に合流した後、しなつひこの神が行なっていた世界中のヒーリング事例に立ち会っており、もちろんブレナン博士のことも、その生まれた日から知っていた。御柱神は神・森鴎外を久々に外に出し、とりあえず富士別荘の番人とした。KY3の仕事は、これによりだいぶ楽になっていった。森鴎外はM・Oなので、「モーさん」と表すことにする。

モーさんはヒーリングがとてもすばらしく、ヘヨアンが再び生まれたのと同じ事態

であった。たちまち、別荘の番人以上の仕事を開始したのである。

かつて、しなつひこの神が我が家に遊びに来ていた頃、モーさんのことを聞かされていたが、まさかこの方が娑婆《しゃば》に出てくることなど当時は夢にも思えなかったのである。

モーさんはしなつひこの神の中に入っている間、私が北九州市に移り住んだ理由も、ヒーラーになっていく過程も良く知っていたのでお付き合いは非常に楽である。

２０２３年4月23日（日）、火火出見命から呼ばれ、私の魂（ＫＹ３）が真清田神社へ飛んだ。命様の用件は、ヒーリングの依頼であった。

患者は大阪府在住の男子高校生で、「自閉症」に陥っていた。ヒーリングは24日（月）の未明に行なうことにして、私の魂はいったん自宅に戻った。

24日未明に、患者のヒーリングを開始した。このとき、火火出見命の他に２人の神霊界ヒーラーが立ち会った。

自閉症のヒーリングはチャクラ・ヒーリングとオーラ・ヒーリングが基本となるが、その他に脳の未発達の部分があると、その部分を正常に構築する。しかし、この子の自閉症の原因は人間関係にあった。他人とうまく付き合うことがヘタだった。

そこで、第5チャクラBの強化が重要であった。順調に仕事を終えたが、このとき、非常に気になったことが残った。立ち会っていた2人の神霊界ヒーラーの1人と、どこかで会ったことがあるように思えたのである。


5月13日（土）未明、再び火火出見命から呼ばれ、私の魂が真清田神社へ飛んだ。すると、そこに23日に大阪で私のヒーリングを見学していた魂が居た。その方は、かつてBBSHJ（バーバラ・ブレナン・スクールオブヒーリング日本校）の学長を務めていた方で、名をカヘア・モーガンという。彼女の生前に、私は二度、彼女の講演会に参加していた。最初は2008年4月で、2回目は2009年であった。彼女と話をしてみると、以下のようであった。

カヘア・モーガンは2019年3月に米国で亡くなった。このとき、大国主命が彼女の魂を迎えに行ったという。彼女の魂の親神は火火出見命であることは、最初に出会ったときに知ったが、その火火出見命は迎えに来なかったとのこと。想像するに、そのとき、火火出見命はどこかの火山活動に従事していて忙しかったのだろう。彼女の魂は、大国主命に従って出雲の霊界に入った。

その後、先に亡くなっていたブレナン博士の魂とは、一度も出会っていなかったと言う。ブレナン博士は輪廻転生を止め、神界入りして後、天之御柱神の中に入り二度と出てこなかったので、カヘア・モーガンと霊界で出会うことは無かった。

彼女は2023年3月に出雲の霊界を卒業し、真清田神社に入った。出雲の霊界に居た4年間、私の本を全部読んでいたという。BBSHJに入学しなかった池田邦吉が、ヒーラーになっていたことを知ったが、びっくりしなかったらしい。出会ったとき、「この人はヒーラーとしての才能がある」と見破っていたとのこと。

カヘア・モーガンの魂はアメリカ人として三回輪廻転生したが、その前は日本人としての人生を送っていた。そのため、大国主命を知っていたとのことであった。彼女は真清田神社のヒーリング専門官としては、47人目であった。

話は、5月1日(月)に戻る。その日、掛川のかおるからFAXが入った。ある人からのDVDの注文書だが、その用件以外に、かおる宛の質問が書いてあった。その

文章の末尾に、

「先生に講演会の講師を頼みたいのですが」と書いてある。この文章の前文から、「先生」というのは私のことらしいと分かった。さっそく掛川に電話すると、

「私に、池田先生のスケジュールを聞かれても困りますから、転送いたしました」

と彼女は言った。そこで、私から注文主に電話をすることにした。

FAXには名前、住所、電話番号が書かれていた。この注文主は、福井県の越前市在住の女性で、この人を仮にYMとしておく。

YMに電話すると、彼女はすぐに電話に出た。私は名前を言った後、

「講演会に行く件については、私のDVDを見た後で検討して下さい」と伝えた。

「30名くらい集まるのですが、この人数の講演会でも来ていただけますでしょうか」

と彼女は言った。

「DVDを見た後で検討して下さい」と私は再び言った。彼女は私の講師料等を知りたいようであった。しかし、私は彼女の質問に一切答えず、

「DVDを見た後で、もう一度電話をください」と繰り返した。これは、2023年に入って初めての講演依頼であった。1月から4月末まで、他の件も含めて出張依

頼はまったくなかった。一日中、「ぼーっ」とした状態が続いていた。

かおる宛の注文書には、もう一つ大変気になることが書かれていた。ＹＭは葉室宮司が春日大社で仕事をしておられた頃にそこへ通って、宮司の話を聞いていたらしく、その期間は10年以上であったらしい。

葉室宮司とは葉室頼昭《はむろよりあき》氏のことで、私の書棚にこの宮司さんが書いた３冊の本が保存されている。

『神道のこころ』　１９９７年10月15日刊　春秋社
『神道と日本人』　１９９９年２月１日刊　春秋社
『神道　見えないものの力』　１９９９年11月25日刊　春秋社

の３冊である。葉室宮司は２０１３年に亡くなった。時に86才であった。宮司の魂はしなつひこの神の分魂で、その人生は輪廻転生の最後であった。亡くなってすぐにしなつひこの神の神界に入った、としなつひこの神に聞いていた。

ＹＭとの電話をいったん切った。その直後、私の魂に、ＹＭの魂がどの神社の分け御魂であるかを調べてもらった。すると、彼女は北米インディアンの魂であることが分かった。北米インディアンの守護神はアメリカに居て、元々天之御柱神の分神である。

私は再び電話を手に取り、YMに彼女の親神が日本に居ないことと、アメリカ・インディアンの守護神のことを話した。すると彼女は、非常に困っていた。彼女の親神は天照皇大御神だと思っていたと言う。その理由は、春日大社に通っていたからであった。春日大社の主祭神は、天照皇大御神なのである。

「私の親神は日本に居ないのですか。困ったわ。どうしたらいいのかしら」と言う。ここで電話を切った。するとアメリカの神から、テレパシーで連絡がきた。

「YMを出雲に行かせ、大国主命に守護神になってもらえ」と。そこで、私はもう一度YMに電話し、出雲に行くことと、大国主命に守護神になっていただくことを連絡した。

「あなたの親神がそのように言ってきた」と。

5月2日(火)、私は越前市のYMに、私の住所と電話番号を書いてFAXした。するとこの日の夕方に、YMからFAXがきた。そこには彼女の生年月日、住所、電話番号、職業等の他に、体の症状等が書かれていた。年齢は70才を少し越えていたが、現役の仕事をしている人であった。彼女は健康食品を販売している会社の経営者で、その会社は◯◯商事代理店と書かれていた。その会社名を見て、昔同じ会社名の代理店をしていた女性のことを思い出した。

彼女は２０１４年１月に、京都で私の講演を企画した人で、その講演会には１００人ほどの参加者が集まっていた。この講演とは別に、彼女の息子さんが白血病を患っており、そのヒーリングを頼まれて治した。ヒーリングを担当したのは、「しなつひこの神」であった。企画者の魂がしなつひこの神の分魂であった。

四ノ二　越前市の読者

５月２日夕方に届いたＦＡＸには、出雲行きの日程が書かれていた。５月10日に友人たちと共に出雲に行きます、と。大国主命に守護神になっていただくことは最も急がないとならない用件だった。

そのYMのFAXに彼女の体の症状が書かれており、それによると、

「昭和54年、車を運転中に堤防の下の畑に2回転半して落ちた。

昭和56年11月19日、交通事故。車の助手席に座っていたとき、運転席に車がぶつかってきた。電柱と車との間でサンドイッチ状態に。その後、後遺症で頚骨、腰の調子が悪い」ということである。

文面を見ながら、「早く治してあげよう」と思った。出雲往復で支障が出ないようにするためである。この夜の魂のスケジュールを聞いたところ、「ない」という返事だったので、YMのヒーリングを頼んだ。YMの親神、守護神に了解を得ず、私の魂がこの夜ヒーリングをすることになった。ナイト・サイエンスという。

5月3日（水）、私は福井のYMにFAXを送った。

「昨夜より本日未明にかけて、ヒーリングを行なった。肉体には事故の後遺症は何も無く、つまり治っていた。

オーラの第3層（精神体）が事故のショックで傷ついており、その部分を正常な形に修正した。従って以後、体調が悪くなる感覚は起こらないであろうと思えるが、も

し体調悪化を感じた場合は、すぐに連絡して下さい。

以下はYMさんのことではないのですが、幼児期に大きな怪我等をした場合、年をとってから患部が痛む等の症状が出てくることがある。これもオーラが傷ついているところから起きてくる症状であって、薬では治らない」と書いた。すると折返し、YMから電話が入った。

「どおりで、今朝はいつもより気持ち良く起きられました。ありがとうございます。ついてはヒーリング代金はおいくらでしょうか」と言う。

「その件は出雲から帰ってきてから決めて下さい」と私は言って、電話を切った。

5月4日（木）、YMから彼女の友人についての紹介文がFAXされてきた。その方は78才になる女性で、福井県美浜町に住んでいた。その文章によると彼女は、平成28年頃から、毎晩足の土踏まずがちりちりとするようになり、氷を当てて寝ていた。

令和元年9月に、心臓手術でステントを入れた。令和2年2月に左ひざ、4月には右ひざの手術。それより前の昭和60年7月に坐骨神経痛の手術をしていた。令和になってから、夜寝てから1～2時間すると体全体が「ちりちり」として、眠れない。腰は毎日非常に痛み、ほとんど横になっている。頭のふらつきもひどい。両ひざも手術前の痛みは無くなったが、毎晩こわばり、痛む。手の震えもひどく、力が入らない。歩くのも不自由になり困っている、という内容である。

78才だし、そろそろ神様の元へ帰り今生の浄化をした後、もう一度人間に生まれ変わったほうが良い、と私は思ったが、念のため彼女の守護神様にどうすべきかお伺いした。この人の守護神は建御雷之男神《たけみかずちのおのかみ》であった。天照皇大御神の分神で、春日大社の祀神の一神である。神様に連絡すると、

「ヒーリングに立ち会うので、くによし！　ヒーリング頼む」と言う。この夜、KY3がヒーリングに行くことになった。ナイト・サイエンスである。

この日は他に5通のFAXがあり、YMの御家族と友人の方々についてそれぞれの守護神他を教えてほしいとのことであった。その5人の方々の親神、守護神を調べ、その日の夕方までにYMに電話しておいた。

5月5日（金）、YMに、美浜町の78才女性のヒーリングについてFAXを送った。

「昨夜から本日未明にヒーリングをした。

①脳下垂体が壊れていたので治した。
②オーラの第7層が、過去の手術によってアチコチ壊れていたので、修復しておいた。

この内、脳下垂体は小脳にあり、全身の神経の中枢である。体の各部分の痛む所を手術で治そうとするのは間違っている。中枢の脳が壊れていたのである」と。

この5日の午後に、YMからFAXが入った。友人4人分のデータで、守護神を教えてほしいという希望と、ヒーリングについての相談事が書かれている。

YMは健康食品を売って歩いているので、大勢の客がいて、その客たちに重症患者が多くいるらしいと分かってきた。その重症患者たちは、健康食品では病気が治らない人々なのである。その以前に、病院や医師たちの手術によっても治らない人たちらしい。

この日のFAXの一枚に、福井県鯖江市在住の81才女性に関する文章があった。「喘息のような咳が激しい」と書かれている。この方の守護神（＝親神）は国之床立地神であった。

この日は国之床立地神から別の件で、私の魂に仕事がきていた。その仕事とは、国之床立地神の御魂の人々との面接であった。いずれもヒーラー志願者で、その数13人である。この魂たちがヒーリング専門官になると、日本全体で専門官は380人を少し超えることになる。面接は翌朝まで続いた。従って、YMが依頼してきた鯖江の81才女性のヒーリングには行っていない。しかし、住吉大社所属のヒーラーが、彼女のヒーリングを行なった。

5月6日（土）、私はYMに電話して、喘息の患者さんは住吉大社のヒーラーさんが治したことを伝えた。この日YMは、掛川から届いたDVDを友人たちと見ているようであった。YMは、翌日も他の友人たちを自宅に招いて、DVDを見ているようであった。

その5月7日（日）、私はYMに電話で、
「越前に出張して講演会をする必要は無くなったでしょう」と言った。
「それはそうですが、ヒーリングを必要としている人たちがたくさん居ます。私の家は、ヒーリングする設備（ヒーリングベッド等のこと）もスペースも有りますので、是非先生にここへ来ていただいて、ヒーリングしてほしいのです」と言った。講演依頼は無くなったが、ヒーリングのための出張依頼に変わった。

ＹＭの娘さんがリンパ施術師で、ヒーリング設備を整えてあった。ＹＭはその娘さんにヒーラーになるよう説得しているようであったが、娘さんはリンパ施術のスケジュールが途切れず、私の本を読んでいない様子であった。仕事が忙し過ぎている。

私がヒーリングに関する本を明窓出版から出した頃から、エステティシャンやマッサージ師等の方々から、ヒーリングを教えてほしいとの要望が多く寄せられた。その人たちのためにスケジュールを組み、会場に足を運んだ。実際の患者をヒーリングする場面をこの方々に見てもらい、私のマネをしていただいてヒーリングを実際に教えた。

ところが、誰一人としてヒーラーになった人がいない。手翳しをしたときに、手のひらに何も感じないと言う。普段から彼女たちは仕事で患者の体に触り、マッサージ等をするので、そのときの手の感触に慣れており、手翳しだと何も感じなくなっているのである。オーラは空中に有る。従って、オーラヒーリングは手翳しなのである。

リンパ施術も、同じ話になると思われる。つまり、彼女たちはヒーラーには向かないと考えられるのである。越前市に出張して、ヒーリングの手法を教えたところで、彼女たちの中からヒーラーが生まれることはなかろうと思えた。

YMが掛川のかおるの所にDVDを注文した日から、1週間が過ぎた。

5月8日（月）午後、17枚のFAXが送られてきた。その内16枚はYMの顧客や友人らしく、個人情報が書かれていた。その人たちの親神や守護神を教えてほしいと言う。そこで、16人それぞれの親神（守護神）を調べ、YMに電話で知らせた。その中には地球に親神、守護神が居ない人たちがたくさん含まれていた。ETの魂の人たち等のことである。

5月9日（火）、YMが2人の個人情報をFAXしてきた。午後、電話でこの2人の親神を教えた。

翌10日、YM一行は朝早くに越前市を車で出発し、昼に出雲に着き、無事に参拝を終えた。帰宅は夜の10時頃になったようだ。

5月11日（木）昼前、YMは1枚のFAXを送ってきた。それには、視力をほとんど失っている人のことが書かれていた。その患者の親神を調べると、オーストラリアの守護神と分かった。この人は初めて人となったとき、オーストラリアで生まれていたのである。オーストラリアの守護神は、天之御柱神の分神である。YMはアメリカ担当の天之御柱神の分神が守護神であることはすでに書いた。つまり天之御柱神は、アメリカとオーストラリアにそれぞれ御自身の分神を置いているのである。

神々が協議した結果、天之御柱神の分神である「モー」さんが、視力回復のためのヒーリングを行なうことになった。私の魂（KY3）はこの日、大国主命からその分け御魂の男性（40才代で三重県在住）のヒーリングを頼まれていたので、福井へは行けなかった。

5月12日（金）、私はYMにFAXを一通送った。

「昨日送っていただいたFAXの患者さんについて、本日未明から5時間ほど『目のヒーリング』を行なった。ヒーラーは天之御柱神の分神で、通称モーさんと言っている方。モーさんは定期的に患者を見に行って、不足のところがあればその都度ヒーリングをしていく。全治3ヶ月という。以下は私の意見。

『失明している人』が3ヶ月で治るというのは異例のでき事。通常1年以上かかるはず。モーさんのヒーリング能力は抜群である。ヘヨアン並だ」

5月13日は、前節で書いたように、火火出見命に呼ばれ、私の魂は真清田神社に行っていた。

5月14日（日）、YMから3人の個人情報がFAXされ、その3人の親神とその他の話を電話でYMに話した。YMから送られてくる情報は、この日30人を越えた。

5月16日（火）から翌週の22日（月）まで、YMは同様の個人情報を20人分FAXしてきた。FAXが届く度に、その方々の親神等を調査し、YMに知らせた。YMのFAXは5月2日に始まって以来、50人分を越えた。

5月22日のFAXには、「24日に出雲大社へ18人、守護依頼に行くことになった」

と書かれていた。守護神が居ない人々が大変多く居たのである。

この数日後、それまでに親神等のことをお知らせした方の中から、御自身が経営している会社のことについて相談の問い合わせが来た。私は会社経営のコンサルタントではなく、そうしたことに神々を巻き込むことは私の仕事ではないので、YMの問い合わせに答えることを止めた。私の仕事は、医師や病院では治せない難病の方をヒーリングという手法で治すことなのであって、他のことはしない。

四ノ三　ヒーラー500人越え

2023年5月27日（土）夕方、プレアデス星人が高度な文明を作っている惑星からKY85と安保徹氏が地球に戻り、天之御柱神に見学したことを報告した。

その翌日、KY85は天之御中零雷神が居る宇宙の中心に向かい、安保氏は自分の親神、神阿多都姫神が仕事をしている惑星へと向かった。2人共、地球におけるヒーラーとしての仕事を止めてしまった。その理由は分からない。ブレナン博士もノストラダムスも、御柱神の中に入ったまま出てこない。

残ったKY15は、少ないエネルギーのまま、私の肉体を維持する仕事と神霊界ヒーラーとしての仕事の両方を続けないとならないことになった。魂のエネルギーが元の100％の状態になるにはどうすれば良いのか、分からない。最悪、このままで人生を全うしていくしかないように思える。一日中、眠くて「ぼーっ」とした状態で生きるということである。失った魂のエネルギー85％を補充する方法は、今のところ無さそうである。

魂は元々、その親神の意識エネルギーの一部である。従って、失われたエネルギーの補充を仮にできるとしても、それを行なえるのは私の親神、天之御中零雷神であるが、この神は地球に居ないので不可能ということになる。

一方、神霊界のヒーリング専門官は、5月末で500人を超えた。目標としていた10月までには5ヶ月早い。しかし、ヒーラーの中には輪廻転生中の方もおられるわけで、その時期が来れば、人間として生まれ変わらなくてはならない。こうしたことから、10月の目標を早めたことは必然と考えられる。

5月29日（月）朝、木之花咲耶姫から仕事を頼まれた。鹿児島県在住の40才代後半で無職の男性のヒーリングであった。神に案内され、問題の男性の家へ私の魂が行くと、この男性の脳が未発達であることが分かった。この患者は、人としての体験が2回目であったが、その前世は無きに等しい人生であった。つまり、生まれてまもなく亡くなったのである。

私の魂は、この患者の脳細胞を造り始めた。作業は夕方の5時頃に終了した。このヒーリングを見学していた木之花咲耶姫の分魂の方が、ヒーラーになることを決意した。

木之花咲耶姫神が７０４０問題、８０５０問題に取り組み始めた。

5月30日（土）朝、私の魂が大国主命に呼ばれ、出雲に飛んだ。するとそこに、かつて出会った人の魂が居た。この方は、伊藤忠商事の御重役で２００８年に亡くなっていたという。以来15年にわたり出雲の霊界に居たが、親神の元へ帰る準備中であった。この御重役の魂の親神は、国之床立地神だそうである。出雲に居る間に私の本を読み、ヒーリングに非常に興味を持った。住吉大社に入るにあたり、そのヒーリングチームに入るつもりという話であった。

この日の夜、他の神様からヒーリングを頼まれた。1人は国之床立地神の分魂の方で、岐阜県在住の60才代女性、脳下垂体を痛めていた。この方のヒーリングを終えると、次は沖縄県在住の60才代女性のヒーリングだった。患者は脳下垂体を痛めていた。このヒーリングを見ていたオーストラリアの守護神は、同じ症状のオーストラリア人2人のヒーリングを私の魂に頼んだ。

5月31日（水）夜、私の魂はオーストラリアに飛び、2人のヒーリングを行なった。このとき、多くのヒーラーたちが私のヒーリングを見学した。見学者はオーストラリアの神霊界に居る存在たちで、ヒーラー志願者も含まれていた。

6月1日（木）朝、国之床立地神から連絡があった。アメリカの患者たちはアメリカのヒーラー（神霊界所属）たちが治しているので、今のところヒーラー増強の必要は無いと。元伊藤忠商事の御重役がヒーリングチームに加わって、国内では76人となった。

この日は御柱神からも連絡が入った。浅間大社でヒーラー志願者が14人出てきたので、今夜から研修会の講師を務めるようにと。

そこでKY3は、この夜から翌日2日（金）朝まで、この14人の研修講師を務めた。浅間大社では、これで67人のヒーリングチームになったと、神様から連絡が入った。木之花咲耶姫は、安保徹氏がヒーリングチームに戻ってこないと、今年の初め頃から察していたようで、その対策を行なっていたと分かった。

6月3日（土）、神々から仕事の依頼は無かった。しかしKY3は、この1週間に行なったヒーリングの患者たちの様子を確認するため、終日出かけていた。翌日4日も同様であった。

6月5日（月）の時点で、神霊界のヒーラーの数は次のようになった。

出雲大社　73人
春日大社　64人
多賀大社　90人
住吉大社　76人

浅間大社　67人
北海道神宮　64人
秩父神社　13人
白山神社　15人
臼井先生　13人
真清田神社　50人

合計525人となったが、2022年10月から295人増えた。1ヶ月平均42人ずつ増えていったことになる。この原稿を書いているときにも神々から、「今日は何人志願者が生まれた」との話が、次々に届いている。今年の10月までに神霊界ヒーラーは700人ほどになると考えられる。

あとがき

２０２３年５月初めに、天照皇大御神が私に声をかけてきた。

「くによし！　今年はものすごい豪雨があるぞ！　日本中でな。前代未聞の事態になるぞ！」と。そのとき、日本のいたる所で河川が大氾濫し、橋が流され、電車が止まっている映像が脳裏に見えた。

「今年は遠くに出張する計画は立てないほうがいいな」と思った。講演会の依頼を断らざるを得ないが、読者の皆様に失礼が無いよう、言葉を考えなくてはならなくなった。

この５月は「初夏のさわやかな風」は一度も吹かず、まるで梅雨のような天気が続いた。九州北部は５月下旬に、「梅雨入り宣言」が発表された。通常６月上旬に梅雨入りする地域なのだが。

６月２日（金）、東海道新幹線が早朝から運転取り止めとなった。沿線各県で線状降水帯が発生していた。台風２号の周辺に発生する高温多湿の空気が、日本上空にある梅雨前線に入り、厚い雨雲を作り続けたのである。

6月6日(火)には、台風3号がフィリピン東海上に発生した。例年だとこの時期に発生する台風は中国に上陸するものであるが、今年は日本の東海上を進むケースが多くなりそうである。

「今年は台風が多く発生するな」と私は思った。天照皇大御神が言っていた、「今年の大洪水」の発生メカニズムが分かってきた。北海道を含めて日本全体が、亜熱帯の気功に変化してきた。

5月5日(金)、石川県珠洲《すず》市で震度6強の地震が発生し、その後も余震が続いていた。同時期に、千葉県や鹿児島の沖合でも地震が起こり続けた。地震を研究している大学の教授や学者さんたちは、

「地震発生地が非常に離れた距離にあるので、相互に関係はない」と発言していた。

そこで私は国之床立地神に、

「最近起こっている日本各地の地震の原因は何ですか」と質問した。すると、

「フィリピン海プレートが活発な活動をしているため」という答えがすぐ返ってきた。
「今年も、本州とその周辺で地震が多いな」と私は思った。
大洪水と地震多発、これらは「地球の波動上昇による結果」と、ある神示で昔知った。コロナウイルスは無くならず、地球の次元上昇に適応して生き続けている。

この時代、人間として生きることが大変困難になってきている。にも関わらず、団塊の世代は76才を越えて、しぶとく生き続けている。この原因は、この世代の魂の特性にあると私は思う。輪廻転生が多く、つまり人として生きることに熟練している魂が多いのである。

第2次大戦後、灰になった国土を再建するため、神々はベテランの魂を多く人間界に送り込んできた。どんな環境下に置かれても生きていく知恵を持っている魂である。このとき、神霊界にはベテランの魂たちが少なくなっていった。その結果、現在起きている社会問題、つまり、７０４０問題、８０５０問題、少子化問題等が起きている。

明治時代頃まで、日本の総人口は６００万人ほどで推移していた。ところが、戦後日本人は1億人を越えた。その大部分の魂は、「初めて人として生まれてきた存在」が多かったと考えられる。神々は新しい魂を生み出すことに忙しかったに違いない。それでも間に合わず、ＥＴ（地球外生命体）の魂たちを大量に導入していったと思える。

日本だけでなく、世界中で人口増加が続き、80億人以上の人間社会へ発展してきた。

今、これらが見直しの時代に入っていると私には思える。

それがちょうど、「地球次元上昇」の時期と重なった。

２０２３年6月6日記

池田邦吉

ヒーリング

池田《いけだ》 邦吉《くによし》

明窓出版

令和五年十月十日　初刷発行

発行者――麻生 真澄

発行所――明窓出版株式会社

〒一六四―〇〇一二

東京都中野区本町六―二七―一三

印刷所――中央精版印刷株式会社

ISBN978-4-89634-466-0

◎ 著者紹介 ◎

池田邦吉（いけだ くによし）

1947年2月6日、東京都生まれ。

'69年、東京工業大学建築学科卒業。

主要著書

「癒やしの道」

「神さまがいるぞ！」

「続 神さまがいるぞ！」

「神さまといっしょ」

「神々の癒やし」

「光のシャワー」改訂版

「天使の癒やし」

「あしたの世界１、２、３、４」※２、３は絶版

（以上明窓出版）

「ノストラダムスの預言詩の解釈」を通じ、船井幸雄氏が世の中の動きをどのように捉えたか、またどのような思考法なのかが、よく分かる本です

この本の内容は、昨年（2003年）8月から昨年末まで、池田邦吉さんの「ノストラダムスの預言詩に解釈」についての私とのやりとりを、ありのまま池田さんがまとめてくれたものです。お読みいただきますと、私が世の中の動きをどのようにとらえているか、どのような思考法の持ち主かが、よく分かると思います。ともかくこの本をお読みになって頂きたいのです。きっとお役に立ちます。（発刊秘話あり）

――船井幸雄

『あしたの世界』シリーズは1～4までありますが、2、3は在庫切れになっています。

あしたの世界
本体価格 1.238 円＋税